AF385068

NOUVEAU MANUEL

DE

L'ARTIFICIER

OU

TRAITÉ PRATIQUE

POUR LA FABRICATION DES FEUX DE COULEURS,
DES TORCHES DE BENGALE,
ET DE TOUS LES ARTIFICES DE JOIE,

PAR

A. LAMARRE

ARTIFICIER-DESSINATEUR,
CHEVALIER DE LA LÉGION D'HONNEUR.

PARIS

AU BUREAU DU JOURNAL — CHEZ L'AUTEUR

NOUVEAU MANUEL

DE

L'ARTIFICIER

PARIS. — IMP. VICTOR GOUPY, 71, RUE DE RENNES.

NOUVEAU MANUEL

DE

L'ARTIFICIER

OU

TRAITÉ PRATIQUE

POUR LA FABRICATION DES FEUX DE COULEURS,
DES TORCHES DE BENGALE,
ET DE TOUS LES ARTIFICES DE JOIE,

PAR

A. LAMARRE,

ARTIFICIER-CHIMISTE,
CHEVALIER DE LA LÉGION D'HONNEUR.

PARIS,

| J. BAUDRY, EDITEUR, | CHEZ L'AUTEUR, |
| RUE DES SAINTS-PÈRES, 15. | QUAI DE BÉTHUNE, 14. |

1878.

INTRODUCTION.

Le petit traité que je publie a pour but de faciliter l'étude de la pyrotechnie ; j'y décris mes procédés de fabrication. Les amateurs d'artifices y trouveront un guide, qui leur indiquera la manière de faire les pièces de pyrotechnie, et ils pourront y puiser quelques idées nouvelles, qui les mettront sur la voie de nouveaux perfectionnements.

Il renferme la nomenclature de toutes les subs-tances employées par l'artificier, le moyen d'en reconnaître la pureté, l'indication du danger qui pourrait résulter de faire certains mélanges, et le mode de fabrication des substances que le com·

merce ne fournit pas. Il donne mes formules, qui permettent de fabriquer avec une grande facilité des feux de couleurs variées, susceptibles d'entrer dans la confection des feux fixes et des feux ascendants.

PREMIÈRE PARTIE.

MATIÈRES PREMIÈRES.

Les matières premières, qui servent en pyrotechnie, ne sont pas très-nombreuses; ce sont surtout des substances chimiques et quelques substances organiques. Je décrirai succinctement celles qui se trouvent dans le commerce, en indiquant le moyen d'en reconnaître la pureté; je parlerai avec plus de détails de celles que le commerce ne fournit pas et que l'artificier doit fabriquer.

CHAPITRE PREMIER

Matières chimiques.

§ 1. — *Charbon.*

On se sert dans l'artifice de trois sortes de charbons, le charbon de bois, le noir de fumée et la plombagine.

Le noir de fumée et la plombagine sont rarement employés. Dans la confection des feux colorés, le noir de fumée fonce les couleurs rouges ; la plombagine rend plus régulière la combustion des compositions pour étoiles, elle n'altère pas les couleurs.

Le noir de fumée est produit par la combustion incomplète des corps gras et résineux ; pour en obtenir, il suffit de promener une lame de verre dans la flamme d'une chandelle, on voit noircir la lame de verre, c'est le noir de fumée qui s'y dépose. Dans l'industrie, ce corps est fabriqué par un procédé identique, qui consiste à faire brûler des barils de corps résineux et à conduire la fumée dans une chambre tendue de grosse toile mouillée, sur laquelle se dépose le noir de fumée. On n'emploie pas le noir de fumée dans l'artifice, sans l'avoir préalablement lavé avec de l'alcool faible.

La plombagine se trouve dans le commerce sous le nom de mine de plomb ; elle sert à faire des crayons ; après le diamant, c'est le charbon le plus pur qui existe. La nature nous donne ce corps sous l'aspect de paillettes minces, grises, petites et agglomérées. Employée dans l'artifice à l'état de pureté, la plombagine donne de l'éclat aux flammes fortement oxygénées ; je ne l'emploie que dans la confection des étoiles vertes et des étoiles bleues.

Le charbon de bois est un corps précieux pour l'artificier, il entre dans la confection de toutes les compositions fusantes. La pyrotechnie en emploie de deux sortes : l'un, obtenu au moyen de bois légers (bourdaine, fusain, peuplier), est le plus souvent usité, il active la combustion ; l'autre, obtenu avec du bois dur, et surtout avec du chêne, n'active pas la combustion, mais il brûle, en produisant un grand nombre d'étincelles. Le charbon de bois léger est un corps qui se présente à nous sous l'aspect de bâtons, connus dans le commerce sous le nom de fusain, et qui servent pour le dessin ; il est d'un noir légèrement roux, parce que l'incinération n'a pas été complète. C'est seulement lorsqu'il se présente sous cet aspect qu'il doit être employé, il jouit alors de propriétés qu'il perd quand il est complétement incinéré.

Le charbon de bois, qui est du charbon presque pur, devrait avoir à peu près la densité du diamant, mais il parait ne pas l'avoir à cause de sa porosité, provenant de la nature du bois qui la produit ; par une longue pulvérisation, il donne sa densité réelle qui se rapproche de 3.

On trouve dans le commerce du charbon de bois léger de très-bonne qualité pour l'artificier ; il est fabriqué dans les usines d'acide pyroligneux, c'est le charbon de bois obtenu par distillation. On trouve aussi dans de bonnes conditions le charbon de bois dur ; nous verrons bientôt les manipulations qu'il subit, suivant l'usage qu'on veut en faire.

§ 2. — *Soufre.*

Le soufre se rencontre dans la nature, tantôt en combinaison avec les métaux, tantôt pur, le plus souvent mélangé avec des matières terreuses. C'est surtout en Sicile qu'il existe ainsi mélangé, et, comme il y est en très-grande quantité, il suffit de le purifier par distillation pour le livrer au commerce.

Le soufre se trouve dans le commerce sous deux formes : le soufre en canons et le soufre sublimé ou fleur de soufre. Sous l'une et l'autre forme, il est généralement pur. Cependant la fleur de soufre renferme une certaine quantité d'acide sulfureux, qu'il faut lui enlever totalement avant de l'employer dans l'artifice.

Le soufre est un corps d'un jaune-citron, très-fragile, lorsqu'il est en canons; il est insipide et inodore, sa densité est 2 environ; il fond à 110°, et le liquide est alors jaune-clair; il s'épaissit, lorsqu'on élève la température; il redevient liquide et d'une couleur brune à la température de 200°. Chauffé au contact de l'air, il s'enflamme à 250° environ, et, chauffé en vase clos, il se réduit en vapeurs à la température de 400°.

Le soufre, frotté fortement ou légèrement chauffé, prend une odeur faible, mais désagréable et particulière. Enflammé au contact de l'air, il brûle avec une flamme bleuâtre; il se combine alors avec l'oxygène de l'air pour former de l'acide sulfureux.

Un soufre impur se trouve quelquefois dans le commerce sous la forme de soufre en canons; c'est un soufre brut qui renferme de 10 à 15 0/0 de matières étrangères; il ne faut pas le confondre avec celui que nous avons indiqué plus haut. Le soufre pur est facile à reconnaitre à son aspect, qui doit être jaune et brillant, et surtout à sa solubilité complète dans le sulfure de carbone. Il est préférable, lorsqu'on n'est pas sûr de sa pureté, de le remplacer dans les préparations d'artifice par de la fleur de soufre parfaitement lavée.

§ 3. — *Azotate de potasse. (Nitrate de potasse, Nitre, Salpêtre.)*

L'azotate de potasse porte aussi dans le commerce les noms de nitrate de potasse, sel de nitre ou salpêtre. Il se rencontre dans la nature à l'état de pureté, et principalement dans la nitrière de Pulo de la Molfetta, aux environs de Naples; il existe en Espagne, aux Indes et surtout en Amérique, où on le trouve sous la forme de nitre cubique ou azotate de soude, qu'on transforme en azotate de potasse.

La fabrication artificielle du salpêtre se fait dans tous les États, parce qu'il entre dans la composition de la poudre de guerre. Pour le préparer, on prend des terres calcaires mélangées de substances animales et végétales, on les étend ou on en fait des murs sous des hangars, on les arrose souvent, et, sous l'influence de l'air, il se forme de l'acide azotique, qui s'unit à la chaux, à l'ammoniaque et à la potasse provenant des substances animales et végétales. Ces sels sont alors traités par du chlorure de potassium pour les changer en azotate de potasse. A Paris, l'opération, que nous venons de décrire, se fait naturellement dans les lieux humides, sous l'influence des exhalaisons animales, et le salpêtre est retiré des platras salpêtrés, sous la forme de nitrate de chaux, qu'on transforme ensuite en nitrate de potasse.

L'azotate de potasse, que le commerce fournit, est pur ; il provient généralement de l'administration, qui le livre au commerce sous la forme de masses cristallines, ou sous celle de neige, lorsque la cristallisation a été troublée.

Ce corps est blanc, d'une saveur fraîche, piquante et salée. L'eau dissout le quart de son poids à la température de 15°, tandis qu'à la température de 100°, elle dissout quatre fois son poids.

Lorsqu'on chauffe l'azotate de potasse, il fond à une douce chaleur, et le liquide, par le refroidissement, forme une masse blanche opaque, appelée cristal minéral. Si la chaleur est portée au rouge sombre, l'azotate de potasse se transforme en azotite ; à une température légèrement supérieure, la décomposition est presque complète, et il ne reste guère que de la potasse.

Le salpêtre fuse, lorsqu'il est projeté sur des charbons ardents. Cet effet est dû à sa décomposition et au dégagement de l'oxygène.

Dans le commerce, on trouve un sel appelé nitre cubique, qui est du nitrate de soude, sel tout à fait impropre à la confection des artifices, mais, comme il est d'un prix moitié moins élevé que celui de l'azotate de potasse, on le donne quelquefois pour

1.

ce dernier, ou on le mélange avec celui-ci. Il sera donc préférable d'acheter du nitrate de potasse cristallisé. La pureté de ce sel se reconnaîtra du reste à sa conservation facile, parce qu'il n'est pas hygrométrique, tandis que, s'il était mélangé de nitrate sodique, il se liquéfierait dans un endroit légèrement humide.

Les nitrates de potasse renferment toujours des chlorures, mais il est rare d'en trouver qui en renferment plus d'un trois-millième, ce qui est insignifiant. La présence des chlorures est constatée par l'azotate d'argent, qui donne un précipité blanc de chlorure d'argent.

§ 4. — *Chlorate de potasse.*

Le chlorate de potasse ou chlorate potassique, ou encore muriate suroxygéné de potasse, a été découvert par Berthollet en 1788. Ce sel se trouve dans le commerce, cristallisé sous la forme de paillettes minces : c'est un sel anhydre ; il n'est pas hygrométrique, il est peu soluble dans l'eau froide, et il se dissout dans une fois et demie son poids d'eau bouillante. La saveur en est piquante, fraîche, amère et désagréable.

Le chlorate de potasse, chauffé en vase clos, fond vers 400°, et abandonne son oxygène ; projeté sur des charbons ardents, il fuse vivement. C'est le corps comburant par excellence, c'est celui dont je me sers dans toutes mes formules de feux colorés. On peut l'employer sans danger, comme je l'indique, mais il faut bien se souvenir que ce corps donne des mélanges détonants avec presque tous les corps combustibles, et surtout avec le soufre, le sulfure d'antimoine, le charbon de bois, et qu'il détone même spontanément, lorsqu'il se trouve en présence de l'acide sulfurique ou de l'acide azotique.

On obtient le chlorate de potasse, dans l'industrie, en faisant réagir le chlorure de potassium sur l'hypochlorite de chaux; le chlorate de potasse cristallise, le chlorure de calcium reste en dissolution dans la liqueur.

Le chlorate de potasse du commerce est généralement presque pur; il renferme cependant toujours des traces de chlorure de potassium ou de chlorure de calcium; moins il renferme de chlorure, meilleur il est pour l'artifice, et, comme les chlorures sont très-solubles, il est facile de purifier le chlorate de potasse par cristallisation.

La présence des chlorures se reconnaît à l'aide du nitrate d'argent.

§ 5. — *Oxalate de soude.*

L'oxalate de soude est une poudre anhydre. Ce sel est presque insoluble, même dans l'eau bouillante ; on l'obtient en faisant réagir l'acide oxalique sur une dissolution concentrée et chaude de carbonate de soude. Pendant la réaction, l'acide carbonique se dégage et l'oxalate de soude se dépose sous la forme de précipité. Comme cette opération est faite avec des dissolutions concentrées, la poudre qu'on obtient est granuleuse.

L'oxalate de soude est légèrement acide et amer ; il ne renferme pas d'eau de cristallisation ; il n'est pas hygrométrique et se conserve indéfiniment.

§ 6. — *Bicarbonate de soude.*

Le bicarbonate de soude et l'oxalate de soude sont les deux seuls sels de soude que j'emploie, parce qu'ils n'attirent pas l'humidité de l'air ; l'oxalate de soude est anhydre et le bicarbonate de soude ne renferme qu'un équivalent d'eau. Ce dernier, qui porte aussi le nom de sel de Vichy, a une saveur alcaline ; il se trouve à bas prix dans le commerce, et il est employé dans les ménages pour la préparation de l'eau de Seltz. On le prépare en faisant passer dans une masse de cristaux de soude un courant de gaz acide carbonique.

L'oxalate de soude et le bicarbonate de soude sont employés dans l'artifice pour colorer les feux en jaune, mais le premier mérite la préférence, parce que les compositions dans lesquelles il entre, se conservent mieux.

§ 7. — *Chlorate de soude.*

Le chlorate de soude se trouve dans le commerce ; c'est un sel très-hygrométrique ; la saveur en est amère et très-désagréable ; il se décompose par la chaleur et il est légèrement soluble dans l'alcool à 90°. On s'en sert pour colorer en jaune la flamme de ce liquide.

§ 8. — *Azotate de baryte.*

L'azotate de baryte est un sel cristallisé anhydre ; la saveur en est très-amère et très-désagréable ; il est soluble dans huit parties d'eau froide et dans trois parties d'eau bouillante. On le prépare, en décomposant le carbonate naturel de baryte par l'acide azotique, ou en transformant le sulfate de baryte en sulfure de baryum par la calcination, et en traitant celui-ci par l'acide azotique.

Le nitrate de baryte du commerce est rarement pur : il renferme du nitrate de chaux et des sels étrangers, dont on le débarrasse par plusieurs cristallisations successives.

Le nitrate de baryte étant un sel anhydre et non hygrométrique, je ne le dessèche pas pour l'employer dans l'artifice, il suffit qu'il soit pulvérisé depuis quelques jours.

§ 9. — *Carbonate de baryte.*

On trouve le carbonate de baryte dans la nature ; il est souvent très-pur. Ce sel anhydre, tout à fait insoluble, est employé comme poudre inerte, dans certaines compositions, pour ralentir la combustion. Il ne faut pas remplacer le carbonate naturel par le carbonate précipité ; je n'emploie ce dernier qu'exceptionnellement. (Voir plus bas glu de lin, § 2, chapitre 11.)

§ 10. — *Chlorate de baryte.*

Le chlorate de baryte se trouve aujourd'hui, dans le commerce, très-pur et à un prix peu élevé. Ce sel se cristallise facilement et peut être purifié par des cristallisations.

On l'obtient en faisant réagir à chaud le carbonate de baryte précipité sur une dissolution concentrée de chloraté d'ammoniaque ; il se dégage du carbonate d'ammoniaque et il se forme du chlorate de baryte qu'on fait cristalliser.

Le chlorate de baryte jouit des mêmes propriétés comburantes que le chlorate de potasse ; c'est le composé barytique qui produit les plus belles flammes vertes.

§ 11. — *Oxalate de baryte.*

L'oxalate de baryte peut être préparé par double décomposition, en faisant réagir l'oxalate neutre de potasse sur le nitrate de baryte. Il se forme de l'oxalate de baryte qui se précipite et du nitrate de potasse qui reste en dissolution.

Ce sel est anhydre, il n'est pas hygrométrique, il est presque insoluble dans l'eau et se conserve indéfiniment.

§ 12. — *Nitrate de strontiane.*

Le nitrate de strontiane se trouve dans le commerce sous la forme de gros cristaux octaédriques. On obtient du reste ce sel, comme le nitrate de baryte, en attaquant par l'acide azotique le carbonate naturel ou le sulfure de strontium.

L'azotate de strontiane est le sel le plus employé pour la fabrication des flammes rouges, et il donne les meilleurs résultats, lorsqu'il est pur, et surtout lorsqu'il ne renferme pas de nitrate de chaux. Afin d'être certain de sa pureté, on le fait dissoudre et on le cristallise plusieurs fois; on n'emploie que les cristaux et l'on rejette les eaux mères, qui renferment les sels de chaux.

Pour employer le nitrate de strontiane en artifice, il faut le dessécher : on met dans une bassine du sel en cristaux, on le chauffe; il fond d'abord et perd une grande quantité d'eau ; on continue à le chauffer, en le remuant constamment, jusqu'à ce qu'il soit redevenu sec et pulvérulent. La température doit être modérée pendant cette opération, sans quoi le nitrate de strontiane se décomposerait. Lorsque ce sel est pur, il doit, après cette opération, être sec au toucher ; car, s'il reste légèrement poisseux, c'est qu'il renferme des sels de chaux.

L'azotate de strontiane pur se conserve desséché assez longtemps, et n'absorbe qu'une petite quantité d'humidité, qu'il faut lui enlever au moment de l'employer. Pour cela, on le met dans une poële et on le dessèche de nouveau, en le chauffant modérément et en le remuant constamment. Lorsqu'il est bien sec, on le pulvérise, encore bien chaud, et on l'emploie avant son complet refroidissement.

§ 13. — *Carbonate de strontiane.*

Le carbonate de strontiane se rencontre dans la nature en grande quantité. A l'état de pureté, il vaut mieux que celui qui est obtenu par double décomposition. Ce sel tout à fait anhydre n'est ajouté dans les compositions que pour diminuer l'influence de l'humidité sur le nitrate et sur le chlorate de strontiane.

§ 14. — *Chlorate de strontiane.*

On peut se procurer dans le commerce le chlorate de strontiane, mais à un prix élevé. Il est tellement hygrométrique qu'il ne peut être employé que dans la confection de feux qui doivent être brûlés dans un délai de quelques jours. Il colore la flamme de l'alcool en rouge.

§ 15. — *Oxalate de strontiane.*

Parmi les sels de strontiane, le carbonate, le sulfate et l'oxalate sont les seuls qui s'obtiennent par précipité, et qui, par conséquent, n'absorbent pas d'humidité. Il n'y a que l'oxalate de strontiane, parmi ces trois sels, qui possède la propriété de colorer fortement les flammes en rouge, et, quoique la couleur qu'il donne soit moins belle que celle qui est produite par l'azotate et le chlorate de strontiane, je conseille de l'employer pour la fabrication des flammes qui doivent être conservées pendant plusieurs années.

On obtient l'oxalate de strontiane par la double décomposition de l'oxalate neutre de potasse et du nitrate de strontiane, ou en traitant l'azotate de strontiane par l'acide oxalique. Le précipité, qui se forme, est recueilli, lavé et desséché.

§ 16. — *Carbonate de chaux.*

Le carbonate de chaux existe dans la nature en très-grande quantité. Celui dont on se sert dans l'artifice, est connu dans le commerce sous le nom de craie ou blanc d'Espagne.

§ 17. — *Fer.*

Le fer n'est employé en artifice que sous la forme de limaille et de tournure, ainsi que la fonte et l'acier. Ces limailles et ces tournures s'achètent chez les ouvriers en métaux; elles ne doivent pas être attaquées par la rouille.

Pour préserver ces métaux de la rouille, on les

chauffe au rouge et on les humecte de quelques gouttes d'huile de lin, en remuant avec une spatule.

§ 18. — *Zinc.*

Le zinc s'emploie à l'état de limaille, et on le trouve, sous cette forme, dans le commerce. Il s'emploie aussi fondu avec l'antimoine, dans les proportions de 1 à 2. Cet alliage refroidi est pulvérisé,

§ 19. — *Nitrate de plomb.*

Le nitrate de plomb se trouve à très-bas prix dans le commerce; on le prépare, en dissolvant la céruse ou la litharge dans l'acide azotique. Lorsqu'on le chauffe, il se décompose en litharge et en acide hypoazotique; mais, s'il est mis en présence du charbon, du chlorate de potasse et d'un corps gras, la réduction du sel est complète, la décomposition donne de l'oxygène, de l'azote et du plomb métallique.

Ce sel de plomb active les combustions ; il diminue et rend fusibles les résidus ; enfin il donne de grandes dimensions aux flammes.

§ 20. — *Antimoine.*

L'antimoine métallique du commerce s'appelle régule d'antimoine. Il renferme dans cet état de petites quantités de fer, de plomb, d'arsenic. Il est blanc, bleuâtre et brillant; sa densité est 6, 8. Il fond à 450°. On s'en sert, sous la forme de poudre, pour activer les combustions de mélanges au soufre, et pour donner de l'éclat aux flammes blanches.

§ 21. — *Sulfure d'antimoine.*

Le sulfure d'antimoine se trouve dans la nature en très-grande quantité; il se présente sous la forme de cristaux enchevêtrés, gris, noirâtres, brillant d'un éclat métallique.

Ce sulfure active les combustions de mélanges fortement comburants; il donne à la flamme un reflet blanc.

§ 22. — *Chlorate de cuivre.*

Le chlorate de cuivre est un sel très-déliquescent et peu stable; il détone à la température de 60° environ, lorsqu'il est sec; mais, mélangé avec le chlorate de potasse, il peut être obtenu aisément à l'état sec et se conserver facilement.

On le prépare par double décomposition, en traitant une dissolution de sulfate de cuivre par une dissolution de chlorate de baryte. Il y a formation d'un précipité de sulfate de baryte, et il reste une dissolution de chlorate de cuivre. Lorsque, par son évaporation au bain de sable, la dissolution a pris une consistance sirupeuse, on ajoute dans la capsule le double du poids du liquide en chlorate de potasse, et l'on opère le mélange. On fait dessécher le produit, à l'étuve, à une température inférieure à 100°, et, lorsqu'il est sec, on le conserve pour l'usage. Ce chlorate, ainsi préparé, renferme le tiers de son poids de chlorate de cuivre.

Le produit, ainsi préparé, est un simple mélange de chlorate de cuivre et de chlorate de potasse; il donne les plus belles flammes bleues.

Le chlorate de cuivre, en dissolution sirupeuse, peut être employé dans l'alcool, pour donner à la flamme une couleur bleue très-belle.

§ 23. — *Oxychlorure de cuivre.*

On obtient l'oxychlorure de cuivre, en humectant des feuilles de cuivre rouge avec de l'acide hydrochlorique faible. Le dépôt, qui se forme à la surface de ces feuilles, est l'oxychlorure. On le recueille, on le lave, et on le fait sécher; c'est une poudre blanche, verdâtre, formée d'oxyde, de carbonate et de chlorure de cuivre. Ce corps est employé dans presque toutes les compositions colorées en bleu.

§ 24. — *Oxalate de cuivre.*

On prépare l'oxalate de cuivre, en précipitant la dissolution d'un sel de cuivre par une dissolution d'oxalate neutre de potasse. Le précipité est lavé et desséché. Ce produit est anhydre; il est très-peu soluble, se conserve indéfiniment et a l'aspect de l'oxychlorure de cuivre.

§ 25. — *Chlorure brun de cuivre.*

On peut obtenir le chlorure brun de cuivre, en chauffant très-légèrement du cuivre rouge dans un courant de chlore. Ce chlorure est soluble dans l'alcool et donne à la flamme de ce liquide une très-belle couleur verte. Il est très-peu employé.

§ 26. — *Sulfure de cuivre.*

On peut préparer le sulfure noir de cuivre, en chauffant dans un creuset une partie de soufre et deux parties de rognures de cuivre rouge. Le produit, ainsi obtenu, donne de bons résultats dans quelques mélanges.

CHAPITRE II.

Matières diverses.

§ 1. — *Huile de lin.*

On connaît plus de cinquante espèces de lin, dont la principale est le *linum usitatissimum*. Les semences du lin sont petites, plates, luisantes, l'épisperme, d'un jaune marron et coriace, est mucilagineux ; l'amande est huileuse.

De cette amande, on extrait une huile dont l'usage est très-répandu, et qui se prépare dans des fabriques spéciales. Cette huile, extraite de la graine légèrement torréfiée, a, par cela même, un goût âcre et une odeur désagréable : il y a un moyen de l'obtenir douce, c'est de concasser la graine et de l'exprimer à froid.

L'huile de lin est une huile fixe, liquide, jaune, onctueuse au toucher, d'une saveur et d'une odeur particulières et désagréables. Insoluble dans l'eau et l'alcool, elle est soluble dans l'éther, la benzine, le sulfure de carbone. Elle a la propriété de sécher par son contact avec l'air, dont elle absorbe l'oxygène pour former un composé solide. On développe cette propriété, en faisant bouillir l'huile avec de la litharge, du péroxyde de manganèse ou du bioxyde de barium.

L'huile de lin chauffée commence à se décomposer à la température de 120°, et elle peut être enflammée à la température de 250°. Je l'emploie, dans toutes mes compositions colorées, sous une forme nouvelle, à laquelle j'ai donné le nom de glu de lin.

§ 2. — *Glu de lin.*

La glu de lin est un corps gras, onctueux, ayant la consistance et l'aspect de la mélasse épaisse ; elle se conserve indéfiniment, lorsqu'elle est bien bouchée, et, lorsqu'elle a le contact de l'air, il se forme à sa surface une pelure transparente, qui facilite la conservation de la masse, en empêchant l'action de l'air. Au moment de se servir de la glu, il suffit d'enlever cette pelure.

Pour préparer la glu de lin, on prend une bassine de cinquante litres environ de capacité, on y met dix litres d'huile de lin épurée et naturelle, et l'on chauffe à feu nu jusqu'à une température de 250° environ ; à ce moment, en approchant un corps enflammé, l'huile s'enflamme et continue à brûler.

Il faut enlever alors lestement la bassine du feu ; laisser brûler l'huile huit à dix minutes, à ciel ouvert, en arrosant légèrement le fond extérieur de la bassine, afin d'empêcher l'huile de monter ; couvrir la bassine avec un couvercle de tôle, sur lequel on met une bâche mouillée, et laisser refroidir. Aussitôt que le couvercle est mis, l'huile s'éteint, mais, comme la température est élevée, elle continue encore à se décomposer pendant quelques minutes ; des gaz inflammables se condensent dans la bassine, et, si on la découvrait, lorsqu'elle est encore très-chaude, ils s'enflammeraient, en produisant une assez vive détonation due au mélange de l'air.

Pendant l'opération, il est nécessaire de se préserver de l'eau et des corps humides et combustibles, qui feraient fortement bouillonner l'huile chaude et qui pourraient la faire sortir de son récipient.

Lorsqu'on désire fabriquer une grande quantité de glu de lin, on opère avec trois bassines, disposées sur un fourneau garni d'une hotte et muni d'une forte cheminée ; celle-ci enlève les gaz désagréables et même insupportables, qui se produisent surtout avant l'inflammation de l'huile. L'ouvrier, chargé de surveiller l'opération, la conduit de façon à avoir une bassine prête à enflammer, tous les quarts d'heure, de sorte que son aide, qui brûle l'huile extérieurement, puisse rapporter une bassine vide et prendre celle qui vient d'être allumée. Lorsqu'une opération est terminée et que la bassine est refroidie, on enlève le couvercle, et l'on verse dans un vase le résidu, qui est la glu de lin.

On trouve dans le commerce des huiles cuites de différentes façons, mais il est presque impossible de trouver ce produit pur et fabriqué comme il vient d'être dit, parce que la combustion lui enlève presque la moitié de son poids. L'artificier devra donc le préparer lui-même ou l'acheter dans une usine toute spéciale.

La glu de lin est le produit qui m'a permis de préparer tous les artifices colorés avec la plus grande facilité. Il a opéré une véritable transformation dans notre art, dont il simplifie considérablement l'étude : c'est la base de toutes mes compositions. Il n'existe pas de meilleur divisant ; elle brûle facilement et n'enlève pas la couleur donnée aux flammes par les oxydes métalliques. Elle a surtout une qualité très-remarquable, c'est que, mélangée avec les produits les plus détonants, tels que fulminate, picrate, chlorate sulfuré, elle forme avec ceux-ci des mélanges simplement combustibles, qui ne brûlent qu'avec beaucoup de difficulté, lorsque la quantité de glu dépasse 15 0/0. D'où il résulte que toutes les manipulations de l'artificier, ordinairement dangereuses, peuvent se faire sans péril.

La glu de lin a la propriété de durcir rapidement, lorsqu'elle est mise en présence de certains corps, tels que le carbonate de baryte précipité, le bioxyde de barium. L'addition de quelques grammes de ces produits, dans mes compositions, permet de ralentir la combustion, en augmentant la quantité de corps gras.

Elle est soluble dans l'éther, la benzine, l'essence minérale, l'essence de térébenthine et le sulfure de carbone.

§ 3. — *Térébenthine de Venise.*

La térébenthine de Venise est extraite du sapin; elle porte aussi le nom de térébenthine des Vosges et de térébenthine au citron; elle est rare dans le commerce et d'un prix élevé.

Cette térébenthine est peu colorée, peu épaisse, et transparente, lorsqu'elle est récoltée depuis quelques mois; l'odeur en est agréable et ressemble à celle du citron; la saveur en est amère et légèrement âcre. Elle est siccative et se solidifie facilement par l'addition d'une faible quantité de certains oxydes. La térébenthine de Venise est incomplétement soluble dans l'alcool, tandis que les autres térébenthines le sont tout à fait.

On l'emploie dans quelques compositions vives

d'artifice, parce qu'elle brûle facilement et ralentit moins les combustions que la glu de lin.

La résine élémi peut la remplacer.

§ 4. — *Gomme laque.*

La gomme laque ou résine laque nous vient de l'Inde; elle est produite par un insecte hémiptère, qui pullule sur certaines branches d'arbres, pour former des masses compactes et soudées, connues dans le commerce sous le nom de laque en bâtons. La laque en feuilles est celle qui a été bouillie dans l'eau et coulée sur une pierre plate et unie.

La gomme laque est employée, dissoute dans l'éther ou dans l'alcool, et elle entre, sous cette forme ou sous la forme de poudre, dans la composition de quelques feux colorés. Le vernis de gomme laque se fait au bain-marie, et dans la proportion de 250 grammes de gomme pour un litre d'alcool.

§ 5. — *Caoutchouc.*

Le caoutchouc, nommé vulgairement gomme élastique, est produit par le *siphonia elastica*, qui végète en Amérique; il est obtenu par des incisions faites au tronc; le suc, qui s'écoule sous une forme laiteuse, se prend à l'air en une masse tenace. résistante et élastique ; comme il est appliqué sur des moules, avant d'être solidifié, il est livré au commerce sous la forme de gourdes.

Le caoutchouc fond à la chaleur ; il se gonfle dans l'eau bouillante, et, lorsqu'on l'enflamme, il brûle avec une flamme fuligineuse, en répandant une odeur désagréable. Insoluble dans l'eau et dans l'alcool, il se ramollit dans l'eau bouillante, il est soluble dans la benzine et le sulfure de carbone.

On prépare, dans l'industrie, un caoutchouc pâteux, qui est du caoutchouc dissous dans la benzine, sous l'influence de la chaleur et d'un laminoir. C'est ce produit que j'emploie, pour confectionner presque toutes mes enveloppes de compositions d'artifice fixe. Il faut avoir soin qu'il soit de bonne qualité et très-épais.

§ 6. — *Alcool.*

L'alcool est un produit de la fermentation vineuse ou alcoolique. Cette fermentation se produit dans le suc sucré d'un grand nombre de fruits, comme dans celui du raisin, des cerises, des groseilles, des pommes, des poires, etc. Le ferment ou levure de bière développe aussi la fermentation alcoolique lorsqu'il est mis dans une dissolution sucrée.

La fermentation transforme le sucre en alcool et

2.

en acide carbonique; l'alcool reste dans la liqueur, l'acide carbonique se dégage. Suivant le produit qui a servi à opérer la fermentation, l'alcool porte un nom spécial dans le commerce. On l'appelle cognac, rhum, kirsch, esprit de vin ou alcool de Montpellier, esprit de pomme de terre, esprit de betterave, etc. Celui qui est employé en artifice est l'alcool de vin; on l'obtient par distillation.

L'alcool de vin est un liquide incolore, d'une saveur brûlante, d'une odeur agréable et particulière. Il bout à 78° et brûle à l'air avec une flamme peu éclairante. Ce liquide se mêle à l'eau dans toutes les proportions; un appareil, appelé aéromètre de Gay-Lussac, permet, lorsqu'on le plonge dans le mélange, de lire immédiatement le degré centésimal alcoolique.

On appelle communément eau-de-vie, de l'alcool à 56°; eau-de-vie double, de l'alcool à 75°; esprit de vin, de l'alcool à 86°.

L'alcool de vin est employé en artifice dans quelques vernis; il entre également dans la préparation des mèches, qu'il rend plus vives et plus combustibles.

§ 7. — Coton.

Le coton est employé pour la confection des mèches d'artifice; celui que je préfère est un coton blanc, réuni en faisceau de 2 à 8 brins, qui forment la grosseur du noyau de la mèche. Ce faisceau doit être très-peu tordu, ainsi que les brins qui le composent ; l'absence de torsion facilite l'absorption des mélanges et empêche les mèches de s'égrainer facilement.

§ 8. — *Tissu.*

J'emploie dans le chargement de mes artifices, et comme enveloppe pour les grosses lances à feu et pour les flambeaux de feux de couleur, de la toile de coton écrue et non apprêtée ; je prends cette toile de la couleur de la composition qu'elle doit renfermer, de sorte que, quand les lances et les flambeaux sont chargés, on reconnaît immédiatement la couleur de la flamme.

§ 9. — *Papier.*

Le papier est employé dans l'artifice pour faire le carton et les enveloppes de différentes compositions combustibles. Il faut le choisir souple, non cassant, léger, mince, et, malgré cela, solide. Le papier de couleur sert à indiquer la couleur des compositions ; le papier à filtrer sert au laboratoire.

§ 10. — *Carton.*

On emploie le carton dans l'artifice, pour faire les enveloppes et les cartouches, et pour fabriquer des boîtes. Le carton, destiné aux enveloppes de fusées volantes, doit être de bonne qualité et fait de feuilles de papier, collées ordinairement en cinq feuilles les unes sur les autres. La colle, employée pour cette opération, est la colle forte, liquide, ou la colle de pâte. Les planches de carton sont mises sur le socle d'une presse, superposées et séparées entre elles par une feuille de gros papier; elles sont comprimées pendant quelques heures et laminées séparément, si l'on possède un petit laminoir. Le carton est séché lentement, et il est suspendu, comme du linge, à l'aide d'épingles en bois; lorsqu'il est sec, il est laminé de nouveau ou fortement comprimé. On le conserve entre deux planches chargées de poids.

Le carton de pâte est le carton ordinaire du commerce; on le prend de bonne qualité, et l'on s'en sert pour faire des boîtes, destinées à renfermer principalement les flammes de Bengale.

§ 11. — *Pâte de carton.*

La pâte de carton sert à la confection des enveloppes de bombes et des fonds des mortiers qui doivent les lancer. Pour faire du carton pâte, il faut tremper du carton ordinaire ou du papier, pendant plusieurs jours, en renouvelant l'eau ; puis le faire bouillir jusqu'à ce qu'il soit tout à fait réduit en une bouillie complète. Lorsqu'il est dans cet état, on le fait égoutter sur un linge tendu, et on le comprime fortement. On chasse ainsi l'eau, de façon que son poids n'excède que d'un dizième le poids du papier employé, et on le conserve le moins longtemps possible. Pour employer cette pâte de papier, ajoutez, par kilogramme, huit grammes de gomme adragante, gonflée dans soixante grammes d'eau, et battez fortement la matière, jusqu'à ce que vous obteniez une pâte bien homogène. La pâte, ainsi terminée, est ferme, et doit pouvoir être travaillée sans adhérer aux doigts.

§ 12. — *Colle de pâte.*

On prépare la colle de pâte, en délayant deux hectogrammes de farine dans un litre d'eau, et en faisant chauffer le mélange jusqu'à l'ébullition, après l'avoir fait passer au travers d'un tamis. Cette colle doit être préparée en petite quantité, parce qu'elle ne se conserve pas.

§ 13. — *Colle forte.*

La colle forte se prépare avec des rognures de cuir, des cornes et des sabots d'animaux. Ces matières sont bouillies, brassées, écumées, décantées, et la dissolution épaisse de gélatine est versée dans des moules : lorsqu'elle est figée, la gélatine est coupée en feuilles et séchée sur des filets. On prépare aussi la gélatine au moyen des os.

Il existe, dans le commerce, un grand nombre de sortes de gélatine. La meilleure est la colle de Givet, portant sa marque de fabrique.

Pour préparer la dissolution de colle forte, on la fait tremper dans l'eau froide, pendant vingt-quatre heures, et on la dissout ensuite au bain-marie, dans la quantité d'eau jugée nécessaire, suivant l'emploi qu'on veut faire de la colle.

§ 14. — *Gomme arabique.*

On donne le nom de gommes à des matières qui découlent des arbres et se solidifient à leur surface.

La gomme du Sénégal, originaire de ce pays, et qui porte aussi improprement le nom de gomme arabique, est la meilleure pour l'emploi dans l'artifice. La saveur de cette gomme est particulière et légèrement sucrée. Elle est, dans le commerce, sous la forme de larmes, de grosseurs variées, sèche, dure, friable, d'une couleur jaune presque blanche ; elle se dissout, en toute proportion, dans l'eau ; la dissolution séchée ne reprend pas d'humidité. L'alcool et l'éther, qui ne la dissolvent pas, la précipitent dans ses dissolutions aqueuses concentrées.

Il ne faut pas employer la gomme arabique, qui nous vient de l'Arabie, et qui porte aussi le nom de gommme turique, parce qu'elle préserve moins les sels de l'humidité que la précédente. Cette gomme n'a pas de saveur ; elle est, dans le commerce, sous la forme de larmes blanches.

La gomme du Sénégal est employée surtout dans la fabrication des mèches d'artifice.

§ 15. — *Gomme adragante.*

La gomme adragante est produite par un petit végétal, connu sous le nom d'*astragalus verus*, et qui croît en Asie. Le commerce nous en fournit de deux sortes : la gomme en filets ou vermiculée est jaunâtre, et la gomme en plaques est plus blanche. Celle-ci doit avoir été extraite par incision, tandis que la première a exsudé naturellement de l'arbre.

§ 16. — *Observations générales.*

Comme il est facile de le voir, je n'ai indiqué dans cette première partie qu'un petit nombre de produits; ce sont les seuls dont je me sers. On verra du reste que j'ai toujours cherché à n'employer que quelques substances dans chacune de mes compositions, afin de ne pas compliquer l'étude de l'artifice. Cependant je suis arrivé à faire des compositions remarquables par leur éclat et par leur durée, et je ne saurais trop conseiller à l'amateur de suivre, dans ses recherches, la marche que je lui trace. Enfin, dans le travail qui précède, comme dans celui qui va suivre, j'ai écarté toute trace de science, afin de le rendre compréhensible à ceux qui n'ont même pas les premières notions de chimie.

DEUXIÈME PARTIE.

CONFECTION DES ARTIFICES.

INTRODUCTION.

La confection des artifices comprend les manipulations diverses que doivent subir les matières premières transformées en artifices. J'indique dans cette partie la pulvérisation des substances, la préparation de quelques artifices qui servent journellement dans les manipulations, tels que mèches d'amorçage, poudre, pulvérin, etc. Je décris avec détail le mélange des matières qui doivent former des compositions, leur mode de chargement, et enfin les moyens généraux mis en pratique pour monter et pour tirer un feu d'artifice.

CHAPITRE PREMIER.

Outillage et préparation des artifices préliminaires.

§ 1. — *De la pulvérisation.*

Toutes les substances qui entrent dans la confection des artifices, y sont employées en poudre : on appelle poudre le résultat de la pulvérisation. Cette opération a pour but la division de la matière en particules infiniment petites.

Pour avoir des poudres régulières, on se sert de tamis, qui laissent passer la poudre, et qui retiennent sur leur toile la matière qui n'est pas assez fine. Comme on a besoin d'employer des poudres de différentes grosseurs, on a des tamis à mailles plus ou moins serrées, désignées sous les n°s 1, 2, 3, 4, 5.

On doit observer que, pour avoir une poudre n° 2, il faudra tamiser la poudre, d'abord dans le tamis n° 2, et ensuite dans le tamis n° 1 ; sans cette double opération, on aurait un mélange des poudres n° 1 et n° 2. La poudre n° 2 reste sur la toile du tamis n° 1. De même, pour obtenir une poudre n° 5, on devra, après avoir tamisé dans le tamis n° 5, faire repasser la poudre dans le tamis n° 4, qui ne retiendra sur sa toile que la poudre n° 5.

On pourra aussi monter des tamis superposés, de façon à obtenir par un seul tamisage des poudres de différentes grosseurs ; il suffira de mettre le tamis qui a la plus grosse maille le premier et de terminer par celui qui a la plus petite maille.

On peut donc employer dans l'artifice des poudres régulières, préparées comme nous venons de le dire, et des poudres irrégulières, tamisées simplement à l'aide d'un tamis : ces dernières sont les plus souvent employées, et on les désigne de la manière suivante ; Poudre tamisée au n°...

§ 2. — *Tamis.*

J'emploie exclusivement des tamis de toile métallique : les tamis de soie sont peu solides et laissent facilement obstruer leurs mailles par la poudre; les tamis de toiles métalliques sont très-solides et rendent plus facile le tamisage d'un grand nombre de poudres.

Les tamis portent des numéros basés sur le nombre de fils contenus dans un pouce carré (27 ^{mm}.) de toile.

Le tamis de toile métallique n° 1 renferme 100 fils par 27^{mm}.

—	—	—	2	—	80	—	—
—	—	—	3	—	70	—	—
—	—	—	4	—	60	—	—
—	—	—	5	—	50	—	—

Le tamis le plus souvent employé est le tamis n° 2.

La partie essentielle d'un tamis est la toile montée sur son cerceau ; on complète le tamis par un couvercle, qui empêche les poudres légères de se répandre dans l'atmosphère, et par un récipient ou tambour, qui sert à recueillir la poudre tamisée.

§ 3. — *Tonneau à Gobilles.*

Pour obtenir des poudres, il faut pulvériser les matières ; on emploie à cet effet un tonneau à gobilles ou un mortier.

Le tonneau ne sert qu'à la préparation des poussiers ou compositions fusantes ; le mortier sert à la préparation des poudres qui entrent dans toutes les compositions colorées.

Le tonneau à gobilles est nécessaire pour préparer les compositions de charge, parce qu'il les triture, en faisant les mélanges intimes, mais il ne peut pas servir pour les autres pulvérisations, parce qu'il n'est pas possible de le nettoyer convenablement. Les ateliers militaires l'emploient cependant pour pulvériser le chlorate de potasse, le sulfure d'antimoine, etc., mais un tonneau spécial sert à pulvériser chacune de ces substances.

Le tonneau à gobilles peut être de grandeur variée; l'amateur fera bien de le prendre petit, parce qu'il est facile de le manœuvrer seul, tandis que, lorsqu'il est grand (cinquante à cent litres), il faut qu'il soit tourné par deux personnes ou par une transmission. Pour faire deux kilogrammes de poussier à la fois, on prendra un tonneau de quinze ou seize litres de capacité, en chêne très-sec, très-solide, cerclé de fer. Un tourillon est fixé à chaque fond de ce tonneau, l'un des deux, plus allongé, est destiné à recevoir une manivelle. La bonde est

Fig. 1.

grande, rectangulaire; elle se ferme hermétiquement, et, lorsque le tonneau est chargé, on recouvre les joints de papier collé qu'il faut avoir soin de laisser sécher pour commencer l'opération. Si le bois se resserre, les douves peuvent laisser passer la composition; on recouvrira alors les joints du tonneau avec de petites bandes de toile, collées à la colle forte; ainsi préparé, il est monté sur deux pieds avec coussinets, destinés à recevoir les tourillons.

Les gobilles sont de grosses billes métalliques de vingt millimètres environ de diamètre; on les fait avec un alliage très-fusible, formé de cinq parties de plomb pour une partie d'antimoine, en les coulant simplement dans un moule sphérique comme les anciennes balles de tir. Les gobilles en bronze sont préférables, elles s'usent moins rapidement; on peut, à la rigueur, les employer en marbre, en fer ou en fonte. Leur poids, dans l'appareil chargé, est généralement représenté par le double du poids de la matière à triturer.

Entre les pieds du tonneau, on dispose une caisse, destinée à recevoir la poudre ou le mélange; elle est surmontée d'un crible, qui retient les gobilles. Lorsqu'on prépare du poussier ou du pulvérin, compositions très-inflammables, il est prudent de ne pas laisser la caisse sous le tonneau, mais de l'y apporter au moment de vider celui-ci.

§ 4. — *Mortier.*

Le mortier, avec son pilon, est l'instrument le

plus commode pour la préparation des poudres. Si l'on ne possède pas de mortier de fer ou de fonte avec pilon de bois, on le choisira évasé, de la forme d'un saladier ; ainsi fait, il ne sera pas moins commode pour la pulvérisation, et il offrira l'avantage de pouvoir être employé en même temps pour la fabrication de toutes les compositions colorées. Voici les dimensions les plus convenables de ce mortier.

Diamètre AB. . . . . 0,50 cent.
Hauteur CD. . . . . 0,30 —
   —   CE. . . . . 0,40 —
Diamètre GF. . . . . 0,30 —

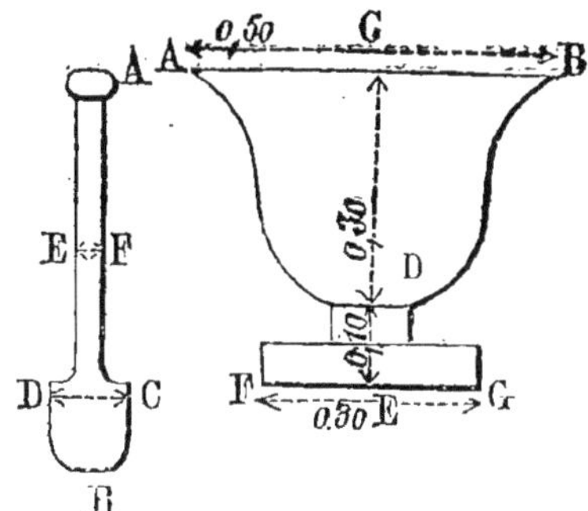

Fig. 2.

Le pilon le meilleur est en bois d'une seule pièce :

Longueur AB . . . . 0,70 cent.
   —   CB . . . . 0,12 —
Diamètre CD . . . . 0,10 —
   —   EF . . . . 0,03 —

§ 5. — *Mèches d'amorçage.*

Les mèches sont des préparations qui servent à amorcer les différentes compositions ou à communiquer le feu instantanément à un grand nombre de parties, qui forment une seule pièce d'artifice, destinée à produire son effet par la combustion simultanée de toutes les parties qui la composent.

Pour ces différents usages, on emploie quatre sortes de mèches.

1° La mèche d'amorçage pour les flammes et les torches de Bengale;

2° La mèche d'amorçage pour les lances et pour les compositions qu'on veut enflammer rapidement;

3° La mèche d'amorçage très-lente pour amorcer les bombes;

4° La mèche à étoupilles ou mèche de communication.

§ 6. — *Mèches d'amorçage n° 1.*

Pour préparer la mèche d'amorçage n° 1, on emploie des poudres passées au tamis n° 2, et il faut prendre :

Salpêtre. . . . . 1,000 gram.
Charbon léger   350   —

Gomme arabique. . . . . .   75 gram.
Eau-de-vie   500   —
Eau   1,200   —
Coton de 5 brins et de
    60 cent. de longueur. . .   250   —

On met le salpêtre et le charbon dans le mortier, on les mouille avec de l'eau-de-vie, avant d'ajouter l'eau qui renferme en dissolution les 75 grammes de gomme arabique, et l'on obtient, après avoir fait le mélange, une pâte presque liquide. Il faut alors tirer un à un les morceaux de mèche, les mettre dans le mortier ; lorsqu'il y en a une certaine quantité, comme soixante grammes, les remuer avec le pilon, les réunir et les comprimer fortement dans les mains, sous la forme d'une boule. Il suffit ensuite de les lisser un à un entre les doigts et de les placer successivement sur des fils de fer tendus.

Cette première opération terminée, on doit remettre dans le mortier une nouvelle dose de coton, la traiter comme la précédente, et continuer ainsi, jusqu'à ce que toute la matière soit épuisée. Cette mèche peut être employée, lorsqu'elle est bien sèche ; elle brûle mieux, lorsqu'elle a séché lentement.

§ 7. — *Mèche d'amorçage n° 2.*

On emploie pour préparer la mèche n° 2 des
    3.

poudres aussi fines que les précédentes ; la formule de leur composition ne diffère que par l'addition d'une certaine quantité de soufre, la voici :

Salpêtre.	1,000	gram.
Soufre	100	—
Charbon léger,	250	—
Gomme.	75	—
Eau-de-vie.	500	—
Eau	1.200	—
Coton, environ	250	—

Pour préparer cette mèche, il suffit d'opérer de la même façon que dans la première formule.

Une dose sert à préparer environ 250 grammes de coton, et un ouvrier peut faire facilement cinq doses dans sa journée. Ces mèches n° 1 et n° 2 sont lentes, brûlent bien, sont très-fermes et communiquent plus sûrement le feu que la mèche à étoupilles, parce qu'elles sont plus longtemps en contact avec les matières qu'elles doivent allumer. Elles s'égrainent difficilement, parce qu'elles renferment une forte proportion de gomme.

§ 8. — *Mèche d'amorçage n° 3.*

Les mèches d'amorçage n° 3 ne servent que pour amorcer les bombes ; leur vitesse de combustion

est d'un centimètre pour deux secondes. Voici deux
formules A et B.

FORMULE A.

Dissolution de glu de lin. . .   30 gram.
Chlorate de potasse.   15   —
Charbon léger.   3   —
Nitrate de plomb. . . . . . ,   3   —

La dissolution de la glu de lin est préparée par le
simple mélange de trente grammes de glu pour
mille grammes d'essence minérale.

Faire le mélange des substances dans une sou-
coupe, ajouter aussitôt dix mètres de coton à cinq
brins et remuer de façon à absorber la totalité de la
pâte liquide. Si la mèche est assez grosse, lui donner une légère torsion, la lisser, et la laisser sécher
huit jours, après l'avoir fortement tendue. Cette
mèche, pour être employée, doit être recouverte de
plusieurs tours de papier collé. Pour amorcer de
grosses bombes, on emploie une mèche plus forte ;
il suffit pour l'obtenir, de replier le coton plusieurs
fois sur lui-même, de le tordre, de le lissser et de
le tendre. Cette dernière mèche a besoin de sécher
quinze jours, avant d'être recouverte de papier.

FORMULE B.

Chlorate de potasse . . . . .   160 gram.
Nitrate de plomb   200   —
Charbon de bois léger . . .   30   —
Glu de lin   10   —

Cette composition est faite par un simple mélange, dans le mortier avec le pilon. La manière de faire des enveloppes de tissu est indiquée au § 4, chapitre 2 ; c'est dans ces enveloppes que l'on charge la poudre. Suivant que les bombes sont petites ou grosses, on prend des tubes de cinq ou dix centimètres ; on les ferme par une extrémité, et, au moyen d'une petite cuillère de la contenance de deux à cinq décigrammes, on introduit la poudre dans le tube, en la faisant passer par un petit entonnoir ; puis, avec une baguette en fer, on la charge absolument comme on chargeait autrefois la poudre dans les fusils.

Lorsque les tubes sont remplis, il faut les recouvrir de cinq ou six tours de papier, collé à la colle de pâte. On verra, à l'article bombe, comment ces tubes d'amorçage sont employés.

§ 9. — *Mèche à étoupilles et de communication.*

La mèche à étoupilles sert à communiquer le feu rapidement d'un point à un autre. Elle renferme les mêmes éléments que la mèche d'amorçage n° 2, mais elle diffère par le dosage et par le mode de préparation.

Pour la préparer, on prend du coton à plusieurs fils ; le nombre varie de 2 à 8, suivant la grosseur de la mèche, qu'on veut obtenir. Ce coton, mis en boules légères, est placé dans une terrine, renfermant de l'alcool à 56° (eau-de-vie blanche) gommé ; on le laisse macérer cinq ou six heures, en ayant soin de couvrir la terrine, pour empêcher l'évaporation de l'alcool. Pendant ce temps, on a préparé, à côté de celle-ci, une autre terrine, dans laquelle on met un lit de poussier, qu'on imbibe d'eau-de-vie gommée, pour lui donner la consistance d'une pâte claire. On recouvre cette pâte de coton, en dévidant la pelotte qui se trouve dans le vase voisin ; puis on refait un lit de poussier, qu'on recouvre de la même façon, et l'on continue de la sorte, jusqu'à ce que la terrine soit remplie. L'humidité tendant à surnager, on finit par mettre une couche de poussier presque sec.

Lorsque cette opération est terminée, si l'on n'est pas pressé de se servir de la mèche, on recouvre la terrine et on laisse macérer la mèche vingt-quatre heures. Il suffit alors de prendre l'extrémité du fil de coton, de l'engager dans une filière, et de dévider le coton sur un cadre rectangulaire, garni de goupilles en bois, qui permettent d'y distribuer une quantité de fils. Enfin, on saupoudre la mèche de poussier et on la laisse sécher lentement. C'est ainsi qu'elle est préparée dans les salles d'artifice de l'État, mais on y emploie le pulvérin au lieu de poussier.

Voici les doses qui peuvent servir de base pour

les quantités de chaque matière à employer dans cette manipulation :

<pre>
Poussier. . . . .   1 kilogr.
Eau-de-vie . . . .   1 litre.
Gomme . . . .   10 gram,
</pre>

Ces composants peuvent légèrement varier par l'addition de quelques grammes de soufre, qui rendent la mèche plus lente.

La mèche à étoupilles doit subir une manipulation, pour brûler instantanément sur un long parcours ; car, lorsqu'elle est libre, elle brûle, à raison d'un mètre pour huit secondes. Pour la faire brûler rapidement, on l'enveloppe de papier, encollé sous la forme de tube, et aussitôt que le papier est sec, on reconnaît la bonne préparation de la mèche, en en prenant deux mètres et en la faisant allumer à une faible distance. L'observateur ne doit pas percevoir de durée entre les éclairs qui se produisent aux deux extrémités ; il y a néanmoins, dans ce cas, une durée de combustion, qui est d'environ un quart de seconde. Les mèches d'amorçage n° 1 et n° 2, recouvertes comme la mèche de communication, brûlent, comme cette dernière, avec rapidité, mais la durée de combustion pour deux mètres est de plus d'une seconde, elle est facilement perceptible à l'œil de l'observateur.

Lorsqu'une mèche de communication brûle, il y

a toujours déflagration. Il faudra donc proportionner la force de la mèche à l'artifice à enflammer, et chercher à avoir le moins de déflagration possible, pour ne pas détériorer les pièces. La mèche à étoupilles devra aussi être préférée aux deux autres, pour cette raison.

On peut transformer la mèche à étoupilles en mèche de communication par deux moyens différents ; 1° en l'introduisant dans un tube de papier ; 2° en enroulant sur elle une spirale de rubans de papier qu'on recouvre d'une nouvelle spirale de papier encollé.

Pour charger la mèche à étoupilles dans un tube de papier, on fait d'abord ce tube, en enroulant du papier sur une tige légèrement conique de 2 à 6 millimètres de diamètre, on enroule ce papier de façon à couvrir les bords de chaque tour par quatre ou cinq millimètres des bords du tour suivant, et l'on encolle cette partie. On laisse sécher le tube et l'on introduit, par l'extrémité la plus large, la mèche à étoupilles, qu'on fait ressortir par l'autre extrémité. Par ce moyen, on ne peut avoir que des bouts de mèches de communication ; il faut les relier ensemble, pour les allonger. Dans ce but, on prend deux tubes garnis et l'on introduit l'extrémité étroite de l'un dans l'extrémité large de l'autre, en croisant les deux mèches dans le tube large ; on fait alors une ligature avec un brin de fil.

Pour charger la mèche par le second procédé, on tend la mèche à étoupilles et on l'enroule de deux spirales de papier, en encollant la deuxième ; de cette façon, on peut obtenir une mèche longue et sans soudure.

La communication du feu peut, à l'aide de cette mèche, se faire de deux manières :

1° En perçant le tube de trous de cinq millimètres de diamètre, et en fixant par une ligature la mèche de communication à la lance, de sorte que la mèche de celle-ci communique avec l'ouverture faite dans l'autre. Ce moyen est commode, mais la grande quantité d'évents, faits sur la mèche de communication, en ralentit la combustion.

2° En disposant des brins de mèche à étoupilles dans la mèche de communication, et en recouvrant les points de jonction avec du papier collé. Cette mèche ne ralentit pas l'inflammation des pièces à allumer.

§ 10. — *Pulvérin.*

Dans les ateliers du gouvernement, on a à sa disposition une grande quantité de poudre dite de démolition, parce qu'elle provient du déchargement des munitions de guerre. Cette poudre, qui n'a plus son emploi, est pulvérisée et forme le pulvérin.

L'artificier paie la poudre un prix trop élevé pour l'employer de cette façon, aussi remplace-t-il le pulvérin par le poussier.

§ 11. — *Poussier.*

Pour préparer le poussier, on prend des poudres passées au tamis n° 2 ou n° 3. Les substances qui entrent dans la formule du poussier ordinaire, sont les mêmes que celles dont on se sert dans la composition de la poudre de guerre ; celui-ci est préparé avec les doses de la poudre de guerre prussienne :

FORMULE :

Salpêtre. . . . .   750 gram.
Soufre.   115   —
Charbon léger.   135   —

La dose de ces poudres, mise dans le tonneau à triturer, est proportionnelle à la grandeur du tonneau : si l'on emploie un tonneau de 16 litres, on mettra deux fois cette dose et quatre kilogrammes de gobilles ; on fera tourner très-lentement le tonneau, pendant six heures, à raison de 40 ou 50 tours par minute, en se reposant 4 ou 5 minutes tous les quarts d'heure.

Le poussier qui a subi cette trituration, est aussi bon que le pulvérin dans la préparation des artifces ;

il n'est pas du reste toujours nécessaire de triturer aussi longtemps les poudres : une heure de tonneau suffit pour la préparation du poussier destiné à la fabrication des mèches de communication.

Lorsqu'il sera fait usage du poussier, ce sera toujours de celui qui vient d'être décrit, à moins qu'un dosage spécial n'en commande un autre. Lorsqu'on veut ajouter au poussier du soufre ou du charbon, il suffit de mettre les quantités dans le tonneau et de tourner une heure environ.

§ 12. — *Poudre de guerre.*

On peut, avec le poussier, préparer une poudre qui aura autant de force que le pulvérin, en faisant subir au poussier une partie des manipulations de la fabrication de la poudre de guerre par le procédé révolutionnaire. Pour cela, il faudra humecter le poussier avec trois pour cent d'eau, toutes les heures de trituration, et triturer environ six heures. Cette poudre est recueillie et placée sur des plaques de cuivre, par couche de cinq ou six millimètres d'é-paisseur ; elle est recouverte d'un feutre et sou-mise à la presse à bras. On place sur le socle de la presse une douzaine de plaques et l'on comprime graduellement ; on laisse le poussier une demi-heure sous l'influence de la presse et l'on fait ensuite sécher les plaques à l'ombre.

Les plaques sèches sont mises dans un tamis n° 5 ou n° 7, garni de son couvercle et de son tambour ; il suffit de remuer avec le même poids de gobilles, pour faire passer la poudre dans le tambour. On recueille cette poudre, on la tamise sur un tamis n° 2, pour enlever le poussier qui s'est reformé par la trituraton des gobilles, et, si l'opération a été bien conduite, on obtient ainsi 1500 grammes d'une poudre grainée, suffisante pour les besoins de l'artifice, et 500 grammes de pulvérin.

On graine ordinairement la poudre humide ; il faut faire passer le poussier pâteux par un crible et faire sécher. La poudre ainsi préparée est meilleure, le grain est plus dur.

§ 13. — *Pâte d'amorce.*

Le pulvérin dont il est parlé dans le paragraphe précédent, est moins bon et moins vif que le véritable, mais il suffit pour toutes les préparations d'artifice de joie. Il sert aussi à préparer une pâte d'amorce pour les artifices trop petits et peu susceptibles de recevoir une mèche.

On fait la pâte d'amorce en imbibant le pulvérin avec de l'eau-de-vie gommée. La gomme ne doit être mise qu'en petite quantité et dans les proportions d'un à deux pour cent de l'eau-de-vie employée, car la pâte serait trop dure et s'enflammerait difficilement ou brûlerait trop lentement.

On a essayé, soit dans la préparation des mèches,
soit dans celle des amorces, de remplacer l'alcool
par le vinaigre, dans un but d'économie ; il serait
plus simple de remplacer l'alcool par de l'eau pure ;
la mèche ou l'amorce ainsi obtenue est aussi bonne ;
l'artificier doit seulement savoir que la mèche faite
avec de l'eau brûle moins vite que celle qui est préparée avec de l'alcool et que les artifices, préparés
avec de l'eau, sont plus hygrométriques que ceux
que l'on fait avec de l'alcool.

§ 14. — *Généralités sur les compositions dangereuses.*

Les compositions, que nous appelons dangereuses,
sont des mélanges qui peuvent donner naissance à
des combinaisons détonantes ou spontanément
inflammables. Je les indique ici, pour que, dans les
recherches que l'artificier peut faire, il ne se serve pas
de substances capables de produire ces mélanges.

Si j'emploie constamment le chlorate de potasse,
c'est parce que j'ai soin de l'unir à un corps gras,
qui sert de corps isolant, et même, malgré cette
précaution, il pourrait offrir des dangers, si je le
mettais en contact avec le soufre, le phosphore, le

sulfure d'antimoine, l'acide sulfurique, l'acide nitrique, les sulfures, le sulfate de cuivre ammoniacal.

Le mélange de sels, improprement appelé chlorate de cuivre et de potasse, et qui n'est qu'un mélange de sulfate de cuivre et de chlorate de potasse dissous et desséchés ensemble, doit être rejeté. Il ne faut pas confondre cette préparation avec celle qui est indiquée au paragraphe 22.

Les sels ammoniacaux, et surtout le chlorhydrate d'ammoniaque, doivent être écartés, parce que, en présence d'un grand nombre de corps, ils peuvent donner naissance à des produits excessivement dangereux : c'est ainsi qu'avec les chlorures en général, et surtout en présence des oxydes ou des chlorates, ils peuvent, sous l'influence de l'humidité, produire de l'ammoniaque libre, et, par suite, du chlorure d'azote, le corps le plus dangereux et le plus détonant de tous les composés connus. Dans les mêmes conditions, ces sels, mis en présence de l'iode et des iodures, peuvent donner naissance à de l'iodure d'azote, corps presque aussi dangereux que le précédent.

L'azoture de cuivre peut se former dans les mêmes circonstances, ainsi que des composés analogues, avec le mercure, l'argent et l'or.

Les chromates, et surtout ceux de potasse et de plomb, ne doivent pas, non plus, être employés en artifice, principalement en présence des chlorates, car ces mélanges donnent, avec certains corps, comme le sucre, l'amidon, le lycopode, des poudres brisantes, qui détonent facilement.

Il en est de même des picrates ; si le picrate d'ammoniaque paraît inoffensif, il peut, en présence de certains sels métalliques, donner lieu à une double décomposition et à un mélange détonant.

Les fulminates ne peuvent être employés que comme amorces, à cause du danger de leur manipulation.

Enfin, en aucun cas, l'artificier ne devra chercher à remplacer, dans la charge d'un artifice, la poudre ordinaire ou le pulvérin par une composition telle que la poudre au chlorate ou au chromate, la poudre au picrate, la poudre coton, etc., etc. Tous ces corps, dont quelques-uns offrent une préparation facile, sont presque toujours dangereux et difficiles à conserver ou à employer.

CHAPITRE II.

Compositions colorées.

§ 1. — *Généralités sur les compositions colorées.*

Les compositions d'artifice colorées que j'emploie sont des compositions fusantes ; elles brûlent, en produisant une flamme intense, d'un grand éclat ; elles ont un reflet très-vif. Leurs effets doivent varier suivant qu'elles servent à fabriquer des lances, des flammes de bengale, des flambeaux ou des étoiles.

Ces différents artifices vont être étudiés séparément, mais leur préparation repose sur le même principe. Ils ont pour bases : la glu de lin, comme corps combustible, le chlorate de potasse, comme corps comburant, et un sel métallique, comme corps colorant.

La glu de lin, le meilleur combustible, est, par sa nature même, le meilleur divisant, et n'enlève pas, en brûlant, la couleur donnée aux flammes par les oxydes métalliques.

Le chlorate de potasse, le meilleur comburant, cède facilement son oxygène, et c'est le produit chimique qui, sous un même poids, le fournit en plus grande quantité et le plus régulièrement.

En présence de ces deux corps, l'un si combustible, l'autre si comburant, on comprend l'action facile du sel colorant, dont l'effet généralement est proportionnel à la chaleur produite pendant la combustion.

Ainsi l'étude des compositions colorées, grâce au petit nombre de substances dont je conseille l'emploi, devient d'une grande simplicité. Je termine ces considérations par un dernier avis. De même que, dans les artifices en général, il convient de rejeter les mélanges détonants, de même aussi il importe, dans la fabrication des compositions colorées, de rejeter les produits vénéneux et dangereux, tels que les sels de mercure ou les sels d'arsenic.

§ 2. — *Lances de décorations.*

Les lances de décorations ou lances colorées sont les artifices les plus employés, surtout pour la confection des grandes pièces de décoration, qui en général terminent l'ensemble des feux d'artifice.

Ces lances de toutes les couleurs peuvent produire tel sujet ou tel effet qu'on voudra, suivant l'arrangement qu'on donnera à la charpente, ou suivant la disposition et la quantité de lances.

La grosseur des lances doit varier selon la portée qu'on veut donner à une pièce d'artifice montée : c'est ainsi que, dans un jardin, on se servira, pour des spectateurs placés de vingt à cent mètres de distance, de lances de deux à quatre millimètres ; l'emploi des lances, faites avec mes compositions et du diamètre de six à quinze millimètres, n'est convenable que pour des feux qui, comme dans les fêtes des grandes villes, doivent être vus et jugés par des personnes placées à plusieurs centaines de mètres.

Les lances qui composent la garniture d'une pièce, doivent avoir la même durée ; l'effet serait totalement manqué, si elles s'éteignaient par intervalle. Ces lances doivent avoir une longueur de six centimètres, laquelle fournit une durée de deux minutes : c'est la durée maximum donnée jusqu'aujourd'hui à ces pièces d'artifice. Comme la durée varie avec quelques compositions, j'indique la longueur que doivent avoir les lances de divers diamètres pour produire la même durée de combustion. Si une lance de six centimètres dure deux minutes, il suffira d'augmenter ou de diminuer la longueur de ces lances, pour en augmenter ou diminuer la durée.

Lorsqu'on réunit des lances de couleurs variées pour monter une même pièce, il faut les choisir de façon que l'éclat soit uniforme dans toutes, sans cela, elles se nuiraient les unes aux autres, et l'effet serait manqué.

La distance qui sépare les lances entre elles, est surtout déterminée par leur grosseur : c'est ainsi que la meilleure distance pour les lances de deux millimètres est de trois centimètres; et, pour les lances de quinze millimètres de diamètre, de dix à quinze centimètres. On comprendra facilement que, pour représenter un même sujet avec l'une ou l'autre de ces lances, il faut monter une charpente dix fois plus grande pour produire avec les grandes lances le même sujet qui serait produit sur une charpente dix fois plus petite avec les lances de deux millimètres de diamètre. Pour se faire une idée de la force des lances de quinze millimètres de diamètre, il faut savoir que, lorsqu'elles forment un sujet qui en comporte plusieurs milliers dans son montage, la distance préférable pour voir brûler la pièce est de un kilomètre environ.

Mes compositions colorées n'étant pas en poudre, comme toutes celles qui ont été employées jusqu'aujourd'hui, le chargement est tout à fait différent, et le montage sur les charpentes doit se faire le plus souvent horizontalement. La composition en pâte

présente en outre l'avantage d'avoir une grande
uniformité de combustion, malgré le tassement plus
ou moins fort dans le chargement. Aussi ce chargement est-il des plus simples.

§ 3. — *Chargement des lances de deux à cinq millimètres.*

Pour charger de petites lances de deux à cinq
millimètres de diamètre, il suffit de rouler des morceaux de pâte en cylindres du diamètre désiré, soit
avec la main, soit avec une planchette, et de faire
ainsi des bâtons de composition d'une longueur et
d'un diamètre déterminés. Ces bâtons obtenus, on
les entoure de papier gommé. On met pour les
lances de deux et trois millimètres un seul tour de
papier collé et deux tours pour les lances de quatre
à huit millimètres. La partie inférieure de la lance
est recouverte du papier d'enveloppe, replié sur lui-
même, et la partie supérieure reçoit l'amorce. Les
lances de deux millimètres sont amorcées avec un
peu de pâte d'amorce, dans laquelle on place un
brin de mèche à étoupilles, avant que la pâte ne
soit sèche, et l'on fait, avec un fil très-fin, un léger
étranglement.

Pour le chargement de lances plus grosses, je
n'emploie plus le papier pour enveloppe, mais un
tissu caoutchouté, qui brûle en même temps que la

composition. Je me sers du même tissu pour le chargement des flambeaux, qui en réalité ne sont que de grosses lances à feu du même système, mais d'une longue durée.

§ 4. — *Préparation des cartouches en tissu.*

Pour préparer des cartouches en tissu caoutchouté, on découpe des bandes de toiles de coton, sans apprêt, de la largeur et de la longueur voulues; on applique, sur une face, de la dissolution de caoutchouc, et l'on met deux toiles l'une sur l'autre de manière à les coller convenablement; puis, après avoir mis du caoutchouc sur une bordure de quelques millimètres, on colle, sur cette même largeur, le tissu qui forme ainsi un fourreau avec une couture très-apparente. Pour faire adhérer cette couture, on y passe, en appuyant fortement, un petit cylindre métallique.

Il est préférable, pour fabriquer ces fourreaux, d'employer des mandrins légèrement coniques et du diamètre déterminé; on empèse la toile, puis on la découpe par morceaux de la largeur voulue, en observant la couture. On l'applique sur le mandrin et on recouvre cette première enveloppe d'une seconde, également caoutchoutée. Si l'on a soin de croiser les coutures de ces deux tissus, appliqués l'un sur l'autre, elles ne sont plus apparentes et les

fourreaux sont beaucoup plus solides et plus convenables.

Les tubes peuvent être employés aussitôt qu'ils
sont collés, mais il vaut mieux les laisser sécher
quelques jours au grenier, où ils perdent leur odeur
de benzine.

§ 5. — *Chargement des lances de dix à quinze*
millimètres de diamètre.

Lorsqu'on donne aux lances un diamètre de dix
à quinze millimètres, il faut employer, comme enveloppe, les tubes en tissu, dont on vient de voir la
préparation. Pour charger ces lances, on doit opérer
de la manière suivante :

Après avoir malaxé dans les doigts une certaine
quantité de composition pour la ramollir, on la
roule sur un marbre en forme de bâton et on la
découpe en petits cylindres d'un centimètre de longueur ; on prend un fourreau en tissu caoutchouté,
fermé à une de ses extrémités au moyen d'un
bouchon de liége fortement serré ; on introduit
dans le fourreau un petit cylindre de composition, et
l'on charge fortement avec un mandrin métallique.
Ce chargement se fait avec force et par pression, la
percussion ne chargeant pas les pâtes, comme les
poudres. Pour charger une lance, on ajoute de petits
morceaux de composition, à mesure qu'ils sont tassés,

4.

jusqu'à ce que le fourreau soit entièrement rempli. Pour l'amorcer, il faut placer dans la composition quelques brins de mèche n° 2, et mettre sur celle-ci un morceau de mèche à étoupilles, qu'on ligature fortement, en le laissant sortir de quelques centimètres, afin d'en faciliter la jonction avec la mèche de communication.

Compositions grasses pour lances.

Formules.

§ 6. — *Lances blanches.*

FORMULE N° 1. — *Diamètre de 2 à 5 mill.*

Chlorate de potasse	500	gram.
Nitrate de baryte	500	—
Poussier ou pulvérin	50	—
Glu de lin	100	—

FORMULE N° 2. — *Diamètre de 5 à 10 mill.*

Chlorate de potasse	500	gram.
Nitrate de baryte	500	—
Pulvérin	30	—
Charbon léger	10	—
Glu de lin	100	—

FORMULE N° 3. — *Diamètre de 10 à 15 mill.*

Chlorate de potasse	500	gram.
Azotate de baryte	500	—
Glu de lin	90	—

Ces lances ont une flamme blanche très-vive, d'un reflet verdâtre. On peut retirer la teinte verdâtre aux lances blanches, en ajoutant, dans chacune de ces formules, trente grammes d'oxalate de cuivre.

FORMULE N° 4. — *Diamètre de 2 à 5 mill.*

Chlorate de potasse.	250	gram.
Carbonate de baryte.	250	—
Nitrate de plomb	250	—
Charbon léger.	30	—
Glu de lin.	75	—

FORMULE N° 5. — *Diamètre de 5 à 10 mill.*

Chlorate de potasse	250	gram.
Carbonate de baryte	250	—
Charbon léger.	15	—
Nitrate de plomb	250	—
Glu de lin	75	—

FORMULE N° 6. — *Diamètre de 10 à 15 mill.*

Chlorate de potasse.	250	gram.
Carbonate de baryte.	250	—
Azotate de plomb	250	—
Charbon léger.	10	—
Glu de lin	80	—

Ces lances ont une flamme blanche très-belle et très-longue, qui a moins de reflet et beaucoup moins d'éclat que la précédente, sans teinte verdâtre.

§ 7. — *Lances rouges.*

FORMULE N° 7. — *Diamètre de* **2** *à* 5 *mill.*

            Chlorate de potasse. . . . .   500 gram.
            Azotate de strontiane sec. .   400   —
            Charbon léger.   20   —
            Pulvérin   50   —
            Glu de lin   100   —

FORMULE N° 8. — *Diamètre de* 5 *à* 10 *mill.*

            Chlorate de potasse. . . . .   500 gram.
            Azotate de strontiane. . . .   450   —
            Charbon léger.   20   —
            Pulvérin   50   —
            Glu de lin   100   —

FORMULE N° 9. — *Diamètre de* 10 *à* 15 *mill.*

            Chlorate de potasse. . . . .   500 gram.
            Azotate de strontiane 500   —
            Charbon léger.   20   —
            Glu de lin   100   —

Ces lances sont d'une très-belle couleur; la flamme est vive, rouge, brillante; elle a beaucoup de reflet.

FORMULE N° 10. — *Diamètre de* 2 *à* 5 *mill.*

            Chlorate de potasse. . . . .   750 gram.
            Oxalate de strontiane 250   —
            Carbonate de strontiane . .   150   —
            Pulvérin   150   —
            Glu de lin   50   —
            Huile de lin   5   —

FORMULE N° 11. — *Diamètre de 5 à 10 mill.*

Chlorate de potasse.	750	gram.
Oxalate de strontiane. . . .	250	—
Carbonate de strontiane . .	150	—
Charbon léger.	20	—
Noir de fumée.	5	—
Pulvérin.	20	—
Glu de lin	100	—

FORMULE N° 12. — *Diamètre de 10 à 15 mill.*

Chlorate de potasse.	750	gram.
Oxalate de strontiane. . . .	250	—
Carbonate de strontiane . .	100	—
Charbon léger.	20	—
Noir de fumée.	5	—
Glu de lin.	100	—
Huile de lin	5	—

Ces lances ont une flamme très-longue, d'un beau rouge, quoique la couleur soit moins foncée que celle de la précédente série. Les premières peuvent se conserver longtemps, un an par exemple; les secondes, indéfiniment, comme les lances de toutes les autres couleurs. On remarquera qu'il faut avoir soin d'employer bien sec le nitrate de strontiane, dont la préparation est indiquée au paragraphe 12 de la première partie. L'oxalate de strontiane et le carbonate n'ont pas besoin d'être desséchés.

§ 8. — *Lances roses.*

FORMULE Nº 13. — *Diamètre de 2 à 5 mill.*

Chlorate de potasse.	500 gram.
Oxalate de strontiane. . . .	150 —
Carbonate de chaux.	100 —
Charbon léger.	10 —
Noir de fumée.	5 —
Pulvérin	30 —
Glu de lin	60 —

FORMULE Nº 14. — *Diamètre de 5 à 10 mill.*

Chlorate de potasse	500 gram.
Oxalate de strontiane	100 —
Carbonate de chaux	150 —
Charbon léger.	10 —
Noir de fumée.	5 —
Pulvérin.	10 —
Glu de lin	60 —

FORMULE Nº 15. — *Diamètre de 10 à 15 mill.*

Chlorate de potasse.	500 gram.
Oxalate de strontiane. . . .	100 —
Carbonate de chaux	150 —
Charbon léger.	20 —
Glu de lin	50 —

Ces lances ont une belle couleur rose ; elles brûlent bien, en produisant toutefois un résidu assez considérable, qu'il est possible d'amoindrir en diminuant la quantité de carbonate de chaux.

§ 9. — *Lances lilas.*

FORMULE N° 16. — *Diamètre de 2 à 5 mill.*

Chlorate de potasse......	500	gram.
Oxalate de strontiane....	100	—
— de cuivre......	300	—
Charbon léger........	10	—
Pulvérin...........	10	—
Glu de lin..........	90	—

FORMULE N° 17. — *Diamètre de 5 à 10 mill.*

Chlorate de potasse.....	500	gram.
Oxalate de strontiane....	100	—
— de cuivre......	300	—
Charbon léger........	20	—
Glu de lin	90	—

FORMULE N° 18. — *Diamètre de 10 à 15 mill.*

Chlorate de potasse.....	500	gram.
Oxalate de strontiane....	100	—
— de cuivre......	300	—
Glu de lin	85	—

Ces lances brûlent très-bien ; la flamme acquiert
plus d'éclat et de reflet, si l'on met dans chacune
de ces compositions cinquante grammes de carbonate de strontiane naturel.

§ 10. — *Lances bleues.*

FORMULE Nº 19. — *Diamètre de 2 à 5 mill.*

Chlorate de potasse. . . . . 500 gram.
Oxalate de cuivre. 250   —
Charbon léger. 10   —
Glu de lin. 85   —

FORMULE Nº 20. — *Diamètre de 5 à 10 mill.*

Chlorate de potasse. . . . . 500 gram.
Oxalate de cuivre. 250   —
Charbon léger. 5   —
Glu de lin 85   —

FORMULE Nº 21. — *Diamètre de 10 à 15 mill.*

Chlorate de potasse . . . . . 500 gram.
Oxalate de cuivre 250   —
Glu de lin 80   —

Ces lances ont une combustion vive ; la flamme a de l'éclat et du reflet.

FORMULE Nº 22. — *Diamètre de 2 à 5 mill.*

Chlorate de potasse. . . . . 850 gram.
Oxychlorure de cuivre. . . 150   —
Oxalate de cuivre. 300   —
Charbon léger. 20   —
Glu de lin 100   —

FORMULE N° 23. — *Diamètre de 5 à 10 mill.*

Chlorate de potasse	850	gram.
Oxychlorure de cuivre	150	—
Oxalate de cuivre	300	—
Charbon léger	10	—
Glu de lin	95	—

FORMULE N° 24. — *Diamètre de 10 à 15 mill.*

Chlorate de potasse	850	gram.
Oxychlorure de cuivre	150	—
Oxalate de cuivre	300	—
Glu de lin	90	—

Ces lances ont un feu bleu très-pur et très-foncé; la flamme est très-vive et possède plus de reflet par l'addition, dans la composition, d'une petite quantité de carbonate de baryte.

FORMULE N° 25. — *Diamètre de 2 à 5 mill.*

Chlorate de potasse et de cuivre	500	gram.
Oxychlorure de cuivre	50	—
Oxalate de cuivre	200	—
Charbon léger	15	—
Glu de lin	70	—

FORMULE N° 26. — *Diamètre de 5 à 10 mill.*

Chlorate de potasse et de cuivre	500	gram.
Oxychlorure de cuivre	50	—

> Oxalate de cuivre. 200   —
> Charbon . . . :   5   —
> Glu de lin   65   —

FORMULE N° 27. — *Diamètre de 10 à 15 mill.*

> Chlorate de potasse et de
>   cuivre. . . . . 500 gram.
> Oxychlorure de cuivre . . .   55   —
> Oxalate de cuivre. 200   —
> Glu de lin 65   —

Ces lances ont une flamme d'une couleur bleue très-foncée; elles brûlent bien.

On ne saurait trop observer que le chlorate de cuivre et de potasse qu'on doit employer, est celui dont la préparation est donnée au paragraphe 22, et non le mélange de chlorate de potasse et de sulfate de cuivre qui est dangereux.

§ 11. — *Lances vertes.*

FORMULE N° 28. — *Diamètre de 2 à 5 mill.*

> Chlorate de potasse. . . .   500 gram.
>   —   de baryte   500   —
> Nitrate de baryte. 1,200   —
> Charbon léger.   20   —
> Pulvérin.   50   —
> **Glu de lin** 200   —

FORMULE N° 29. — *Diamètre de 5 à 10 mill.*

Chlorate de potasse . . . . 500 gram.
   — de baryte. . . . . . 500 —
Nitrate de baryte . . . . . 1,200 —
Pulvérin. . . . . 30 —
Glu de lin . . . . 200 —

FORMULE N° 30. — *Diamètre de 10 a 15 mill.*

Chlorate de potasse. . . . 500 gram.
   — de baryte . . . . 450 —
Nitrate de baryte . . . . . 1,200 —
Charbon léger. . . . . . . 20 —
Glu de lin . . . . 200 —

Ces lances sont très-belles ; la flamme est vive et a beaucoup d'éclat.

FORMULE N° 31. — *Diamètre de 2 à 5 mill.*

Chlorate de baryte . . . . 600 gram.
Oxalate de baryte. . . . . 350 —
Nitrate de baryte . . . . . 1,000 —
Charbon léger. . . . . . . 10 —
Pulvérin. . . . . 50 —
Glu de lin . . . . 160 —

FORMULE N° 32. — *Diamètre de 5 à 10 mill.*

Chlorate de baryte . . . . 700 gram.
Oxalate de baryte. . . . . 300 —
Nitrate de baryte . . . . . 1,000 —
Charbon léger. . . . . . . 40 —
Glu de lin . . . . 170 —

FORMULE N° 33. — *Diamètre de 10 à 15 mill.*

Chlorate de baryte.	700	gram.
Oxalate de baryte.	300	—
Nitrate de baryte	1,100	—
Charbon léger.	10	—
Glu de lin	180	—

Ces lances produisent une flamme verte très-nette, très-brillante et d'un grand effet.

§ 12. — *Lances jaunes.*

FORMULE N° 34. — *Diamètre de 2 à 5 mill.*

Chlorate de potasse	1,000	gram.
Oxalate de soude	250	—
Carbonate de baryte. . . .	400	—
Charbon léger.	35	—
Pulvérin.	40	—
Glu de lin	160	—

FORMULE N° 35. — *Diamètre de 5 à 10 mill.*

Chlorate de potasse. . . .	1,000	gram.
Oxalate de soude	240	—
Carbonate de baryte . . .	430	—
Charbon léger.	40	—
Pulvérin.	20	—
Glu de lin	160	—

FORMULE N° 36. — *Diamètre de 10 à 15 mill.*

Chlorate de potasse. . . .	1,000	gram.
Oxalate de soude	240	—

Carbonate de baryte . . .   440   —
Charbon léger.   40   —
Glu de lin   160   —

§ 13. — Lances aurore.

FORMULE N° 37. — *Diamètre de 2 à 5 mill.*

Chlorate de potasse. . . .   1,000   gram.
Oxalate de soude   240   —
Carbonate de strontiane .   300   —
Oxalate de strontiane. . .   30   —
Charbon léger.   30   —
Pulvérin   60   —
Glu de lin   165   —

FORMULE N° 38. — *Diamètre de 5 à 10 mill.*

Chlorate de potasse. . . .   1,000   gram.
Oxalate de soude   250   —
Carbanate de strontiane .   350   —
Oxalate de strontiane. . .   25   —
Charbon léger.   30   —
Pulvérin.   20   —
Glu de lin   165   —

FORMULE N° 39. — *Diamètre de 10 à 15 mill.*

Chlorate de potasse   1,000   gram.
Oxalate de soude.   250   —
Carbonate de strontiane .   350   —
Oxalate de strontiane. . .   25   —
Charbon léger.   30   —
Glu de lin   160   —

Les lances aurore ont une belle couleur ; elles brûlent bien, mais elles produisent un résidu assez fort.

§ 14. — *Lances violettes.*

FORMULE N° 40. — *Diamètre de 2 à 5 mill.*

Chlorate de potasse. . . .	1,000	gram.
Carbonate de strontiane .	200	—
Oxalate de cuivre	400	—
Sulfure de cuivre	100	—
Pulvérin.	150	—
Glu de lin	150	—

FORMULE N° 41. — *Diamètre de 5 à 10 mill.*

Chlorate de potasse	1,000	gram.
Carbonate de strontiane .	220	—
Oxalate de cuivre.	400	—
Sulfure de cuivre	80	—
Pulvérin	100	—
Glu de lin . . . . , ...	150	—

FORMULE N° 42. — *Diamètre de 10 à 15 mill.*

Chlorate de potasse. . . .	1,000	gram.
Carbonate de strontiane .	200	—
Oxalate de cuivre.	400	—
Sulfure de cuivre.	90	—
Pulvérin.	50	—
Charbon léger.	10	—
Glu de lin	150	—

§ 14. — *Préparation des compositions grasses pour lances.*

Toutes les compositions pour lances de même grosseur se font de la même façon ; les compositions pour les petites lances exigent quelques précautions.

Pour préparer la composition formule n° 3, on tamise dans le mortier au tamis n° 2 les poudres : chlorate de potasse et nitrate de baryte ; on ajoute la glu de lin, et, avec le pilon, on malaxe jusqu'à ce qu'on ait obtenu une pâte bien homogène.

Pour préparer la composition formule n° 1, et toutes celles qui, comme elle, renferment du pulvérin ou du soufre, on fabrique la pâte comme précédemment, sans y mettre le pulvérin ; on fait ensuite une pâte avec le pulvérin seul et l'on mélange les deux pâtes ensemble. En agissant ainsi, il n'y a aucun danger d'inflammation, tandis que, en mettant le pulvérin en poudre, il pourrait se produire des frottements avec le chlorate de potasse et par suite une inflammation.

Lorsqu'elles sont faites avec mes compositions, les lances de différentes couleurs brûlent avec la même vitesse, si elles sont de grosseur égale. Cependant, lorsqu'on varie beaucoup les couleurs dans une pièce montée importante, on doit disposer quelques lances de chaque couleur, et les allumer en même temps, afin de juger leur durée de combustion et de leur donner alors la longueur qui convient à chacune d'elles, pour que, allumées en même temps, elles s'éteignent toutes aussi en même temps. Comme ces lances brûlent avec une grande régularité, on peut admettre que la vitesse de combustion est de cinq centimètres par minute pour les lances d'un petit diamètre, quatre centimètres pour les moyennes, et trois centimètres pour les grosses.

La durée des pièces décoratives ne doit pas être trop grande : d'une minute pour les petites lances, et de deux minutes pour les moyennes et les grosses.

Il est facile de comprendre qu'on peut, avec ces compositions, varier la couleur d'une même lance, en superposant les compositions dans la même enveloppe.

Compositions en poudre pour lances.

On peut désirer des compositions en poudre pour préparer des lances semblables à celles que font tous les artificiers. Voici quelques formules qui donnent de belles flammes.

§ 16. — *Lances rouges.*

FORMULE N° 43.

Chlorate de potasse. . . . . 100 gram.
Nitrate de strontiane sec . . 50 —
Vernis de résine laque . . . 100 —

Lorsque le nitrate de strontiane est sec et bien chaud, on le met dans un mortier chauffé, on ajoute le vernis qui s'évapore, et il reste une poudre qu'on mélange avec le chlorate de potasse. Lorsque ce vernis est fait avec de l'éther, il sèche plus rapidement. Cette composition donne, en brûlant, une des plus belles couleurs rouges qu'il soit possible de produire.

§ 17. — *Lances bleues.*

FORMULE N° 44.

Chlorate de potasse et de
  cuivre . . . . 100 gram.
Oxychlorure de cuivre . . . 10 —
Charbon léger . . . . 2 —
Résine laque pulvérisée. . . 10 —

5.

§ 18. — *Lances vertes.*

FORMULE Nº 45.

Chlorate de potasse	50	gram.
— de baryte	50	—
Nitrate de baryte	100	—
Charbon léger	2	—
Gomme laque pulvérisée	25	—

§ 19. — *Lances roses.*

FORMULE Nº 46.

Chlorate de potasse	100	gram.
Oxalate de strontiane	10	—
Carbonate de chaux	10	—
Charbon léger	2	—
Gomme laque	10	—

§ 20. — *Préparation des compositions en poudre pour lances.*

Pour fabriquer ces compositions, il faut mélanger dans un mortier les substances indiquées dans chacune des formules précédentes.

Les compositions de lances en poudre sont plus belles, lorsqu'elles sont faites avec le vernis alcoolique ou éthéré de gomme laque. Pour faciliter l'évaporation de l'alcool ou de l'éther, il suffit de chauffer le mortier à une température de 60 à 70°, avant de faire le mélange. Celui-ci n'est terminé que lorsque la poudre est bien sèche. Par le même procédé, on peut, en copiant toutes les formules des compositions faites avec de la glu de lin, obtenir des compositions en poudre très-belles.

Flambeaux éclairants.

§ 21. — *Chargement des flambeaux.*

Les flambeaux sont des artifices nouveaux, que mes compositions permettent de fabriquer facilement : ce sont en réalité de grosses lances, d'une longueur variant de vingt centimètres à un mètre, suivant la durée qu'on désire obtenir. Leur vitesse de combustion est d'environ trois centimètres par minute.

Les flambeaux peuvent servir pour l'éclairage et pour les illuminations ; ils sont employés principalement pour les retraites aux flambeaux.

Comme pour les lances à feu, l'enveloppe est du tissu caoutchouté ; ils sont terminés à une extrémité par un bouchon, et à l'autre, par la mèche d'amorçage.

Le chargement des flambeaux peut se faire à la main ; mais, lorsqu'on veut en préparer une grande quantité, comme dans l'armée, le chargement doit se faire à l'aide d'une petite machine, qui permet d'en charger 200 par jour. Ils ont soixante-quinze centimètres de longueur et durent environ une demi-heure. Voici le mode de chargement à la main : une ouvrière ramollit la pâte, la roule en petits cylindres d'un centimètre de diamètre et divise ceux-ci, avec un couteau, en morceaux de deux centimètres de longueur; une autre ouvrière prend ces morceaux, les introduit, un à la fois, dans son tube de tissu, l'enfonce avec un mandrin de fer et le tasse convenablement ; elle retire son outil, introduit un second morceau et l'enfonce, comme le précédent, en le chargeant assez fortement pour le souder avec le premier. Elle continue ainsi l'opération jusqu'à ce que la torche soit entièrement remplie. Quand il s'agit de petites torches, pour charger le premier morceau, on fixe un bouchon à une extrémité ; pour les longues, on divise, par une ligature, le fourreau en deux parties, on charge la première, puis on retourne la torche, et l'on charge la seconde, après avoir enlevé la ligature et avoir pris la précaution de bien souder la matière, en chargeant.

Pour diviser la matière en petits cylindres, on peut employer un cadre à fond métallique, dans lequel on roule la pâte, en la tassant légèrement, et l'on enlève avec un emporte-pièce des cylindres très-convenables, qui peuvent être chargés comme nous venons de le dire.

Lorsque la torche est remplie, on introduit dans la pâte un double brin de mèche, à une profondeur de quelques centimètres, et on la ferme ensuite, à l'aide d'une simple ligature. La torche, ainsi terminée, est mise sur une étagère, pour durcir et sécher.

On peut faire des flambeaux de différentes grosseurs. Ceux dont l'emploi est le plus commode ont 16, 18, 22, et 40 millimètres. Les flambeaux de 16 et 18 millimètres sont terminés lorsqu'ils ont subi les opérations précédemment décrites, et la couleur de la flamme est indiquée par la couleur du tissu qui sert d'enveloppe. Les flambeaux de 22 et 40 millimètres sont enroulés de deux papiers collés à la colle de pâte; le nombre des tours de papier doit être augmenté, si le diamètre des flambeaux l'est lui-même; ainsi, pour des flambeaux de 60 millimètres de diamètre, il faut quatre tours de papier.

Le papier qu'on emploie doit être de bonne qualité, afin d'empêcher le caoutchouc de brûler trop vite, et par cela même, de diminuer la vitesse de combustion.

Formules de compositions pour flambeaux.

§ 22. — *Flambeaux blancs.*

FORMULE N° 47. — *Diamètre de 16 à 22 mill.*

Chlorate de potasse. . . . 1,150 gram.
Nitrate de baryte . . . . . 1,150 —
Glu de lin. . . . . 200 —

FORMULE N° 48. — *Diamètre de 22 à 60 mill.*

Chlorate de potasse. . . . 1,000 gram.
Nitrate de baryte . . . . . 1,200 —
Glu de lin. . . . . 210 —

FORMULE N° 49. — *Diamètre de 16 à 22 mill.*

Chlorate de potasse. . . . 600 gram.
Nitrate de baryte. . . . . 1,000 —
Charbon de bois. . . . . . 100 —
Glu de lin . . . . 150 —

FORMULE N° 50. — *Diamètre de 22 à 60 mill.*

Chlorate de potasse . . . . 500 gram.
Nitrate de baryte . . . . . 1,400 —
    — de plomb . . . . . 100 —
Charbon de bois. . . . . . 200 —
Glu de lin. . . . . 200 —

Les flambeaux faits avec les compositions n°s 47 et 48 sont très-beaux, très-éclairants, très-vifs; la flamme a un reflet vert; ceux qui sont faits avec les compositions n°s 49 et 50, produisent, en brûlant, beaucoup moins de fumée ; donnent plus de résidu, éclairent un peu moins ; la flamme est blanche.

§ 23. — *Flambeaux rouges.*

FORMULE N° 51. — *Diamètre de 16 à 22 mill.*

Chlorate de potasse. . . .	1,000	gram.
Nitrate sec de strontiane .	1,000	—
Charbon de bois léger . .	30	—
Glu de lin	200	—

FORMULE N° 52. — *Diamètre de 22 à 60 mill.*

Chlorate de potasse. . . .	1,000	gram.
Nitrate de strontiane . . .	1,000	—
Carbonate de strontiane .	150	—
Charbon léger.	30	—
Glu de lin	215	—

§ 24. — *Flambeaux verts.*

FORMULE N° 53. — *Diamètre de 16 à 60 mill.*

Chlorate de potasse	500	gram.
— de baryte.	500	—
Nitrate de baryte	1,200	—
Glu de lin	200	—

FORMULE N° 54. — *Diamètre de 16 à 60 mill.*

Chlorate de baryte	800	gram.
Nitrate de baryte	1,200	—
Charbon léger.	10	—
Glu de lin	200	—

§ 25. — *Flambeaux roses.*

FORMULE N° 55. — *Diamètre de 16 à 60 mill.*

Chlorate de potasse. . . .	1,000	gram.
Oxalate de strontiane. . .	50	—
Carbonate de strontiane .	300	—
— de chaux. . . .	200	—
Charbon léger.	20	—
Glu de lin	150	—

§ 26. — *Flambeaux bleus.*

FORMULE N° 56. — *Diamètre de 16 à 60 mill.*

Chlorate de potasse	1,000	gram.
Oxychlorure de cuivre. . .	250	—
Oxalate de cuivre.	500	—
Carbonate de baryte . . .	250	—
Glu de lin	230	—

§ 27. — *Flambeaux jaunes.*

FORMULE N° 57. — *Diamètre de 16 à 60 mill.*

Chlorate de potasse. . . .	1,000	gram.
Oxalate de soude	350	—
Carbonate de baryte . . .	350	—
Glu de lin	175	—

On peut ajouter, dans cette composition, quelques grammes de charbon léger, surtout lorsqu'elle doit servir à charger des flambeaux d'un petit diamètre.

On obtient la couleur aurore en remplaçant dans la formule le carbonate de baryte par le carbonate de strontiane.

§ 28. — *Flambeaux violets.*

FORMULE N° 58. — *Diamètre de 16 à 60 mill.*

Chlorate de potasse	1,000	gram.
Carbonate de strontiane .	400	—
Oxalate de cuivre	400	—
Sulfure de cuivre	100	—
Charbon léger	20	—
Glu de lin	180	—

Les plus beaux flambeaux sont ceux que j'ai indiqués dans les formules n°s 47, 51, 53, 56.

Les compositions pour charger les flambeaux sont préparées comme les compositions pour lances ; les précautions indiquées pour préparer la formule n° 1 sont les mêmes ici, lorsque les formules renferment du soufre ou des sulfures.

Flammes de Bengale.

§ 29. — *Chargement des flammes.*

Les flammes de Bengale sont faites avec des compositions qui produisent une grande clarté et beaucoup de reflet. Ces compositions, qu'on obtient de toutes les couleurs, doivent avoir une durée de quelques minutes au plus, et peuvent être chargées sur de grandes surfaces, de manière à produire des effets de lumière, qui, dans certains cas, s'étendent à plusieurs kilomètres. Les flammes de Bengale, faites avec mes nouvelles compositions, ont une durée dix fois plus grande que les anciennes. On les charge simplement dans de petites boîtes en bois des Vosges, ou dans des boîtes en carton ordinaire, ou, ce qui vaut mieux, dans de petites boîtes en zinc.

Ces flammes ont un pouvoir éclairant considérable. Les plus petites ont vingt-cinq millimètres de diamètre et valent environ cent becs; les plus grosses ont un mètre de diamètre et valent environ cent mille becs.

Le chargement de ces compositions se fait avec la plus grande facilité. Il suffit de remplir les petites boîtes et de tasser la matière avec le doigt, de fixer au centre un brin de mèche n° 2, et de mettre le couvercle. Lorsque la boîte est un peu plus grande, on tamponne simplement avec un morceau de fer, afin de ne pas laisser de place vide dans la matière; enfin, lorsque la boîte est d'un diamètre de vingt centimètres à un mètre, il faut la remplir d'abord sans tasser; puis, lorsque la quantité de composition déposée paraît suffisante pour remplir totalement la boîte après le chargement, on fait celui-ci avec un rouleau, en appuyant très-légèrement d'abord, et en augmentant ensuite la pression sur le rouleau, jusqu'à employer toute sa force. Une grande boîte, ainsi chargée, a sa surface tout à fait lisse, et la matière est devenue très-dure.

On remarquera que les grandes boîtes durent plus longtemps, lorsqu'elles sont amorcées seulement à leur centre avec un faisceau de mèches, et qu'elles produisent alors, en brûlant, un effet aussi beau que lorsqu'elles sont amorcées par des mèches rayonnant du centre à la circonférence.

La vitesse de combustion de ces flammes est de deux centimètres et demi par minute. Leur conservation dans les boîtes en zinc est indéfinie. Cependant on observera que, quoique les flammes rouges au nitrate de strontiane brûlent encore très-bien après trois ou quatre ans de préparation, l'éclat et le reflet en ont notablement diminué, tandis que celles qui sont préparées avec l'oxalate de strontiane, acquièrent plus d'éclat et de reflet en vieillissant.

Pour employer les petites flammes chargées dans des boîtes en zinc, on découvre ces dernières et on les place à terre. Pour les grandes flammes, il faut avoir soin de les mettre sur un corps tout à fait incombustible, et, comme ces feux font d'autant plus d'effet qu'ils sont placés à une plus grande hauteur, on les brûle ordinairement sur une plaque de tôle fixée sur un piquet.

Aucune de mes compositions pour flammes de Bengale n'a jamais donné de combustion spontanée.

Formules de compositions pour flammes.

§ 30. — *Flammes rouges.*

FORMULE N° 59.

Chlorate de potasse	800	gram.
Azotate de strontiane sec.	1,500	—
Charbon léger	60	—
Glu de lin	200	—

FORMULE N° 60.

Chlorate de potasse	1,000	gram.
Nitrate de strontiane . . .	1,000	—
Carbonate de strontiane .	200	—
Charbon de bois.	40	—
Glu de lin	180	—

FORMULE N° 61.

Chlorate de potasse	1,000	gram.
Nitrate de strontiane . . .	1,000	—
Charbon léger.	15	—
Glu de lin	200	—

FORMULE N° 62.

Chlorate de strontiane . . .	500	gram.
Azotate de strontiane	500	—
Charbon de bois.	15	—
Glu de lin	100	—

La composition n° 59 a beaucoup de reflet ; le feu de la formule n° 61 est très-brillant, celui de la formule n° 62 est splendide, mais il est hygrométrique ; il y a nécessité de le fabriquer rapidement, et, malgré toutes les précautions, il ne se conserve pas longtemps.

§ 31. — *Flammes blanches.*

FORMULE N° 63.

Chlorate de potasse	1,000	gram.
Carbonate de baryte . . .	500	—
Nitrate de plomb	500	—
Glu de lin	200	—

FORMULE N° 64.

Chlorate de potasse	1,000	gram.
Nitrate de baryte	800	—
Carbonate de baryte . . .	200	—
Oxalate de cuivre.	100	—
Glu de lin	200	—

FORMULE N° 65.

Chlorate de potasse	1,000	gram.
Nitrate de baryte	1,000	—
Carbonate de strontiane .	100	—
Charbon	10	—
Glu de lin	220	—

§ 32. — *Flammes jaunes.*

FORMULE N° 66.

Chlorate de potasse. . . .	1,000	gram.
Nitrate de baryte.	250	—
Carbonate de baryte. . . .	400	—
Oxalate de soude	300	—
Charbon de bois.	30	—
Glu de lin	180	—

On peut obtenir une couleur jaune plus foncée, en remplaçant le nitrate de baryte par du nitrate de plomb.

§ 33. — *Flammes bleues.*

FORMULE N° 67.

Chlorate de potasse	1,000	gram.
Oxychlorure de cuivre. .	200	—
Carbonate de baryte. . . .	400	—
Glu de lin	160	—

FORMULE N° 68.

Chlorate de potasse. . . .	1,000	gram.
Oxychlorure de cuivre . .	100	—
Oxalate de cuivre	500	—
Carbonate de baryte. . . .	100	—
Nitrate de baryte	100	—
Glu de lin	180	—

FORMULE N° 69.

Chlorate de potasse et de cuivre	1,000	gram.
Oxalate de cuivre	500	—
Nitrate de baryte	100	—
Carbonate de baryte	100	—
Glu de lin	170	—

§ 34. — *Flammes vertes.*

FORMULE N° 70.

Chlorate de potasse	250	gram.
— de baryte	500	—
Nitrate de baryte	1,000	—
Charbon léger	20	—
Glu de lin	180	—

Cette flamme est d'un très-beau vert.

FORMULE N° 71.

Chlorate de baryte	1,000	gram.
Nitrate de baryte	1,500	—
— de plomb	100	—
Charbon léger	30	—
Glu de lin	240	—

FORMULE N° 72.

Chlorate de potasse	500	gram.
— de baryte	500	—
Nitrate de baryte	1,100	—
Glu de lin	200	—

§ 35. — *Flammes roses.*

FORMULE N° 73.

Chlorate de potasse	1,000	gram.
Carbonate de strontiane .	200	—
— de chaux	200	—
Charbon léger	15	—
Glu de lin	160	—

§ 36. — *Flammes lilas.*

FORMULE N° 74.

Chlorate de potasse	1,000	gram.
Carbonate de strontiane .	300	—
Oxalate de strontiane . . .	50	—
— de cuivre	350	—
Glu de lin	160	—

§ 37. — *Flammes violettes.*

FORMULE N° 75.

Chlorate de potasse	1,000	gram.
Carbonate de strontiane .	200	—
Oxalate de cuivre	400	—
Oxychlorure de cuivre . .	100	—
Sulfure de cuivre	100	—
Glu de lin	180	—

CHAPITRE III.

Artifices fusants ou détonants.

§ 1. — *Observations.*

L'artifice de joie comprend encore, dans les feux fixes, quelques artifices qui doivent produire leur effet, en fusant comme les gerbes, les jets, ou, en détonant comme les pétards.

Ces artifices trouvent leur emploi dans la confection d'un grand nombre de pièces telles que patte d'oie, éventail, cascade fixe ou tournante, soleil fixe, soleil tournant, etc., etc. En les combinant avec les artifices colorés, on peut obtenir une grande variété de pièces d'artifice, soit par les effets de lumière et de couleur des feux, soit par les dispositions des gerbes ou des jets. Je vais indiquer la confection de ces artifices et donner ensuite, comme exemple, le dessin de quelques petites pièces où ils sont montés.

6

§ 2. — *Cartouches en carton.*

Toutes les compositions fusantes sont chargées dans des cartouches en carton d'un diamètre variable. Pour préparer ces cartouches, il faut prendre un carton de très-bonne qualité et peu épais, le couper de la dimension voulue, l'encoller et le rouler sur une baguette, en serrant le cartonnage avec un cylindre ou une varlope.

Les dimensions du carton sont difficiles à déterminer à l'avance, mais il suffit de savoir que l'épaisseur du corps du cartouche doit avoir environ le quart du diamètre intérieur. Ainsi, il faut, pour les petits cartouches de 14 et 20 millimètres de diamètre, environ cinq épaisseurs de carton ou vingt épaisseurs de papier. La hauteur peut varier ; on lui donne généralement comme longueur dix fois le diamètre extérieur du cartouche.

Les cartouches sont le plus souvent étranglés ; l'étranglement se fait facilement. On prend un cartouche, lorsqu'il est à moitié sec ; on roule, autour de la partie à étrangler, un tour de corde fixée par un bout, et l'on tire, au moyen d'une poignée, l'autre extrémité de la corde ; en faisant rouler le cartouche comprimé dans cette corde tendue, on obtient une gorge, qui forme l'étranglement ; il ne reste plus qu'à faire sécher tout à fait le cartouche.

L'étranglement a pour but de diminuer l'ouverture, et, par suite, de laisser moins d'issue au dégagement des gaz qui, se trouvant comprimés, pos-
sèdent ainsi une force capable de faire monter une
fusée.

Gerbes et jets,

§ 3. — *Chargement des gerbes.*

Les gerbes sont des artifices confectionnés dans
des cartouches sans étranglement ; elles doivent
être employées toutes les fois que la pièce d'artifice
ne prend aucun mouvement, et servent pour confectionner des soleils fixes, des pluies de feu, etc.
On se sert, pour les charger, d'un jeu de baguettes
qui ont une grosseur presque égale au diamètre du
cartouche. Le jeu se compose de quatre baguettes ;
la plus grande doit être d'une hauteur égale à celle
du cartouche, la plus petite est moins longue de
moitié.

Pour charger une gerbe, on dispose un cartouche
sur une table, après avoir fermé une de ses extrémités, en repliant le cartonnage pour en faire le
fond. On le terre, en y mettant une mesure ou
deux cuillerées d'argile sèche ; on introduit alors
la baguette à charger, et l'on frappe vingt coups de
maillet, les premiers faiblement, les derniers for-

tement, pour obtenir un tassement régulier. On ajoute ensuite une mesure de composition, et l'on frappe encore vingt coups de maillet ; on continue

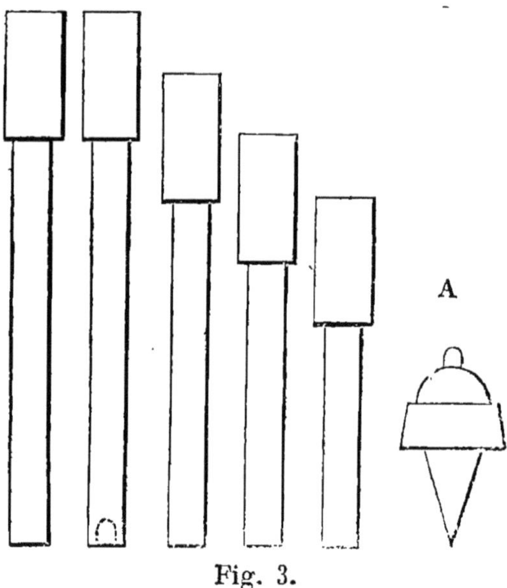

Fig. 3.

ainsi jusqu'à ce que le cartouche soit plein. On fait un trou dans la composition avec une vrille, on place la mèche et l'on coiffe d'un chapeau de papier.

§ 4. — *Chargement des jets.*

Les jets sont des artifices confectionnés dans des cartouches étranglés ; ils doivent être employés toutes les fois que la pièce d'artifice prend un mouvement. Les jets servent pour monter des soleils tournants, des cascades mobiles, etc.

Pour charger un jet, on place le cartouche par sa partie étranglée sur la broche A. L'étranglement est en général d'un demi-diamètre du cartouche intérieur, et la broche employée pour chaque cartouche doit avoir, à sa base, le demi-diamètre du cartouche, et, à sa pointe, le tiers de ce diamètre ; la hauteur de la pointe est égale à ce diamètre. On introduit une mesure d'argile ; on charge par quinze coups de maillet, on met une demi-mesure de poussier de chasse, on frappe quinze coups de maillet ; puis successivement on met une mesure de composition et l'on frappe quinze coups de maillet, jusqu'à ce que le cartouche soit suffisamment rempli de composition ; on rabat ensuite sur cette composition le carton. On enlève alors le cartouche de la broche, on dégorge avec une vrille et l'on amorce comme précédemment.

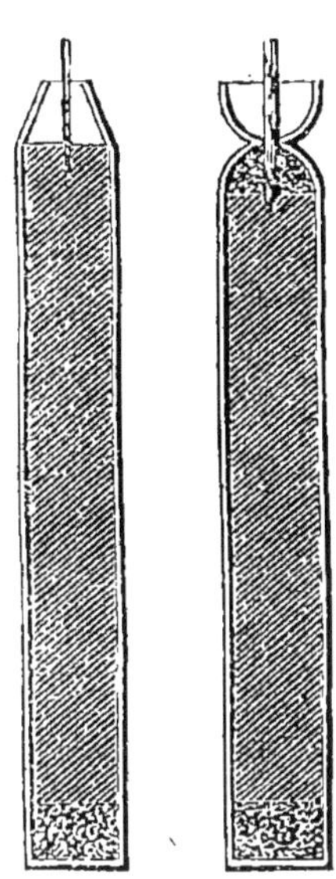

Fig. 4.

Les jets, dans un grand nombre de cas, doivent être amorcés par leurs deux extrémités, puisque l'un en s'éteignant doit communiquer le feu au suivant. Il suffit de percer le carton rabattu pour introduire une mèche de communication qu'on ligature ensuite.

J'indique par la lettre B les compositions qui peuvent être mélangées de grains de couleur. Ces compositions ne doivent recevoir au chargement que trois ou quatre coups de maillet par mesure de composition.

La pâte qui sert à faire les grains, est celle qui est employée à préparer les lances de dix à quinze millimètres de diamètre. En ce qui concerne les grains rouges, lorsque les gerbes ou les jets doivent être conservés, il faudra de préférence employer les compositions à l'oxalate de strontiane. Pour faire les grains, il suffit de diviser la pâte en petits morceaux de la grosseur de grosses têtes d'épingle, de les enrober d'un peu de pulvérin et de les laisser sécher jusqu'à ce qu'ils soient devenus durs, c'est-à-dire plusieurs semaines.

§ 5. — *Formules des compositions pour gerbes.*

Feu commun.

FORMULE Nº 76.

Pulvérin . . . . 1,000 gram.
Charbon de bois dur . . . 200 —

Cette composition peut servir pour jets.

Feu brillant.

FORMULE N° 77.

Pulvérin ou poussier . . .   1,000 gram.
Soufre . . . .   30 —
N° 2. Limaille d'acier. . . . . .   200 —

FORMULE N° 78. B.

Pulvérin ou poussier . . .   1,000 gram.
Soufre . . . .   20 —
Glu de lin . . . .   10 —
N° 2. Limaille d'acier. . . . . .   200 —

Feu chinois.

FORMULE N° 79.

Pulvérin ou poussier . . .   1,000 gram.
N° 3 à 5. Limaille de fonte . . . . .   400 —

La limaille de fonte peut être remplacée par la limaille de zinc et d'antimoine ; cette dernière donne un feu plus vif.

FORMULE N° 80. B.

Pulvérin ou poussier . . .   1,000 gram.
N° 3 à 5. Limaille de fonte . . . . .   400 —
Glu de lin . . . .   8 —

FORMULE N° 81. B.

Pulvérin ou poussier . . .   1,000 gram.
Grains . . . .   300 —
Glu de lin . . . .   8 —

Pluie de feu.

FORMULE N° 82. B.

Pulvérin ou poussier. . . 1,000 gram.
Tournure de fonte . . . . 500 —

§ 6. — *Formules des compositions pour jets.*

Feu brillant.

FORMULE N° 83.

Pulvérin ou poussier . . . 1,000 gram.
N° 2 à 5. Limaille d'acier . . . . 300 —
—   —   de fer. . . . . 300 —
—   —   de bronze. . . . . 300 —

FORMULE N° 84. B.

Pulvérin ou poussier. . . 1,000 gram.
N° 2 à 5. Limaille d'acier . . . , . . , 300 —
—   —   de fer. . . . . . . 300 —
—   —   de bronze . . . . 300 —

Feu chinois.

FORMULE N° 85.

Pulvérin ou poussier. . . 1,000 gram.
Grenaille de fonte. . . . . 350 —

FORMULE N° 86. B.

Pulvérin ou poussier. . . 1,000 gram.
Grenaille de fonte. . . . . 300 —
Glu de lin . . . . 8 —

Dans ces deux compositions, on peut remplacer la grenaille de fonte par des grains de couleur.

Pluie de feu.

FORMULE N° 87.

Pulvérin ou poussier . . . 1,000 gram.
Rognure de fonte . . . . . 500 —

FORMULE N° 88.

Pulvérin ou poussier. . . 1,000 gram.
Rognure de fonte. . . . . 400 —
Glu de lin . . . . 10 —

§ 7. — *Observations sur ces compositions.*

On peut colorer les gerbes et les jets en fixant de petites lances dans leur centre et sur toute leur longueur ; on se sert alors pour le chargement de baguettes creuses. L'effet est beau au commencement de la combustion et devient ensuite médiocre, parce que l'enveloppe du cartouche sert d'écran.

Dans les formules qui précédent, j'ai indiqué l'emploi du pulvérin ou du poussier. Le poussier donne une combustion moins rapide que le pulvérin et doit être préféré dans les compositions destinées au chargement des gros cartouches.

Les métaux employés dans ces compositions subissent une manipulation spéciale, dite amorçage.

On amorce le fer, l'acier, la fonte, le bronze, en les secouant avec une petite quantité de soufre; on amorce au sel de nitre le zinc et l'antimoine, en remuant ces poudres dans une dissolution concentrée et gommée de sel de nitre, et en faisant sécher rapidement. L'amorçage des différents métaux ne doit être fait qu'au moment de l'emploi des poudres métalliques, car il empêche la conservation de ces poudres.

Suivant les effets qu'on veut obtenir, on emploie des poudres métalliques plus ou moins grosses; les pluies de feu et les étincelles sont d'autant plus fortes que les poudres sont plus grosses.

Les fines poudres sont nuisibles dans ces compositions; il faut donc se servir de poudres débarrassées de leur partie la plus fine par le tamis n° 1. Les numéros que j'indique sur la gauche des formules, désignent le n° de la poudre métallique; dans certaines formules, il peut varier suivant l'effet désiré; j'indique la variation par les n°ˢ 2 à 5.

Les compositions peuvent, dans certains cas, être trouvées trop vives; il suffit d'ajouter, par simple mélange, quelques grammes (1 à 3 0/0) de soufre ou de charbon pour ralentir la vitesse de combustion, ce qu'on peut faire toujours sans inconvénient pour les gerbes, mais ce qui doit être fait avec précaution pour les jets qui perdent ainsi beaucoup de leur force motrice.

Montage de quelques pièces d'artifice.

Pour faciliter aux amateurs le montage des gerbes et des jets, je donne le dessin et la description de quelques-unes de ces pièces.

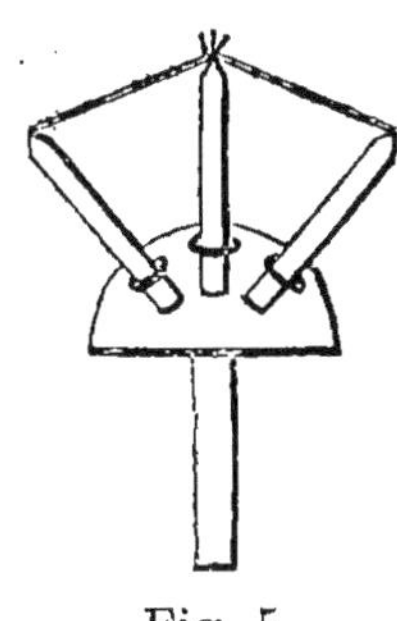

Fig. 5.

§ 8. — *Patte d'oie.*

La patte d'oie est formée de trois gerbes, disposées sur une planchette de façon à représenter une palme en brûlant.

§ 9. — *Éventail.*

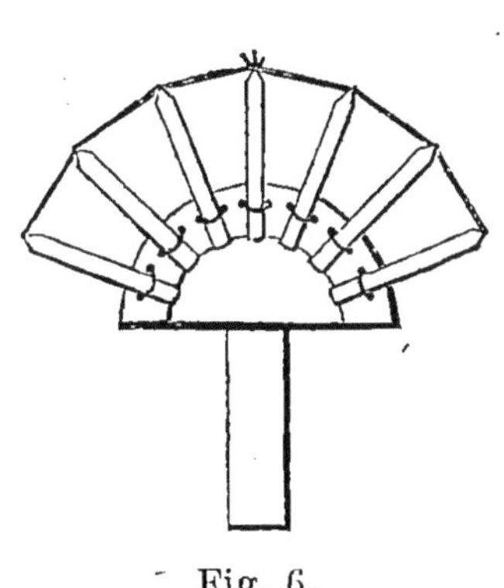

Fig. 6.

L'eventail est composé de sept gerbes, placées sur une même circonférence et disposées dans un même plan. Ces gerbes peuvent renfermer des grains très-petits, qui produisent un très-bel effet.

§ 10. — *Cascade fixe.*

On fait la cascade fixe en disposant horizontale-

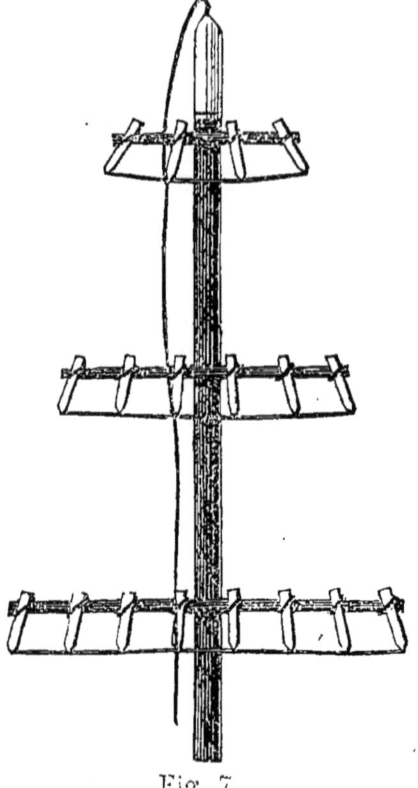

Fig. 7.

ment des éventails, et en les plaçant en décroissance de bas en haut. La première ligne est composée, par exemple, de douze gerbes, et la dernière qui est la plus élevée, n'en a que quatre. On mettra, dans ce cas, quatre rangs composés de 12, 8, 6 et 4 gerbes, et l'on terminera la pièce par une grosse gerbe verticale chargée ¦de grains, ou par un gros flambeau de couleur.

§ 11. — *Soleil fixe.*

Le soleil fixe est formé de gerbes, disposées en étoiles, et représentant les rayons d'une roue. Il se compose de 12, 16, 24 gerbes, suivant la garniture ou

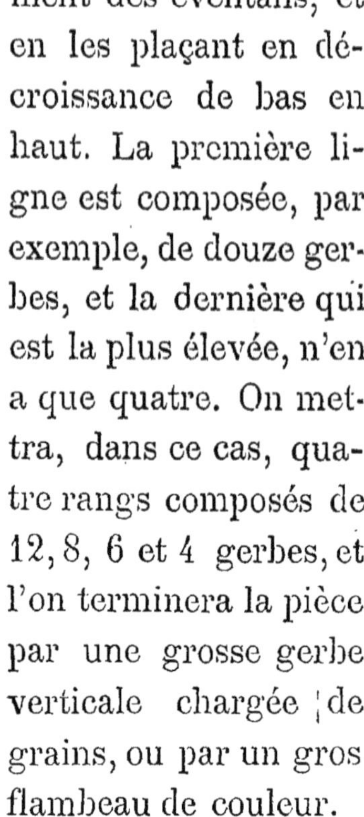

Fig. 8.

la grandeur qu'on veut donner à la pièce.

§ 12. — *Soleil tournant.*

Le soleil tournant se compose d'une roue légère

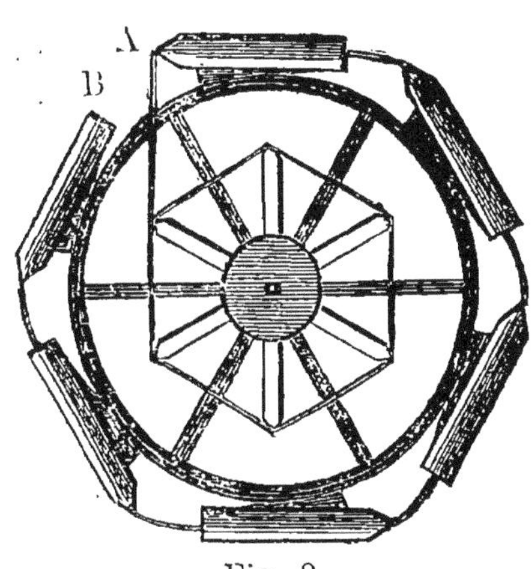

Fig. 9.

et très-mobile sur son pivot. Elle est disposée verticalement, et sur sa circonférence sont placés des jets qui lui communiquent son mouvement. Ces jets brûlent de A en B. On peut disposer une seconde série qui brûlera conde série qui brûlera de B en A ; elle formera une reprise et fera tourner le soleil en sens contraire. Le centre du soleil peut être garni avantageusement de petites lances de couleur.

§ 13. — *Cascade tournante.*

Les soleils tournants peuvent être disposés d'une infinité de façons ; lorsqu'ils sont placés horizontalement sur un essieu vertical, et superposés comme dans la cascade fixe, le plus grand à la base et le plus petit au sommet, on obtient une cascade tournante.

Nous avons vu qu'on montait, avec des lances, des pièces fixes décoratives. On peut produire un bel effet et représenter ces mêmes pièces au moyen d'un écran, dans lequel on découpe un dessin à jour. On éclaire fortement l'écran au moyen de flambeaux placés derrière lui. Le dessin découpé apparaît alors, et chaque trou représente assez bien un feu de lance.

Pétards.

§ 14. — *Chargement.*

Le pétard est un artifice détonant ; il consiste dans une charge de poudre emprisonnée dans un cartouche amorcé. Les pétards peuvent être employés isolés ou en batterie, et ils sont le plus souvent chargés dans l'extrémité, de cartouches de gerbes et de jets, dont ils terminent les effets par une bruyante détonation. Les pétards ont donc des calibres égaux au diamètre intérieur de ces cartouches, sur cinq ou six centimètres de hauteur.

Le cartouche du pétard a de dix à douze tours de papier roulé sur une baguette et serré à la varlope. Le dernier tour de papier est seul encollé ; on étrangle fortement le cartouche et on le pend pour sécher.

Pour charger un pétard, on bourre sur sa base étranglée un peu de papier et de sciure de bois ; puis, on introduit dans le cartouche une charge de poudre de guerre, de chasse, etc., qu'on tasse légè-rement ; celle qui est indiquée au § 12 peut être employée. On étrangle avec précaution le cartouche de façon à comprimer la poudre, et dans la lumière, on introduit un brin de mèche à étoupilles, avant de compléter l'étranglement. On remplit la cuvette A avec de la pâte d'amorce et la cuvette B avec un peu de plâtre.

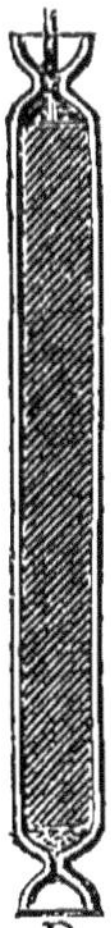

Le pétard se charge le plus souvent dans le fond d'une gerbe ou d'un jet ; comme sa grosseur extérieure est exactement égale à celledu diamètre intérieur des cartouches, il faut l'enfoncer avec force au fond de celui-ci, qu'on charge ensuite de composition. La composition vient s'appliquer immédiatement sur l'amorce du pétard.

Dans la confection des cartouches de petits artifices, on peut, pour économiser le carton, employer des cartes à jouer manquées : ce carton est d'une bonne qualité et peu coûteux.

CHAPITRE IV.

Artifices ascendants.

Chandelles romaines.

§ 1. — *Cartouche.*

La chandelle romaine est un trait d'union entre les artifices fixes et les artifices ascendants, car elle est composée : 1° d'étoiles de couleur, lancées par une composition de chasse, et chargées dans un cartouche ; 2° d'une composition de jets, intercalée entre les étoiles. Le même artifice lance des étoiles et produit l'effet d'une gerbe.

La confection de cet artifice est difficile ; on n'y arrive souvent que par tâtonnement ; c'est un artifice important, car il sert à former les bouquets qui terminent les feux d'artifice.

On peut faire le chargement des chandelles romaines dans des cartouches en carton, ou dans des tubes métalliques, bien lisses intérieurement et très-solides. Les tubes en carton et les tubes métalliques ont la même longueur pour un même diamètre, mais le chargement est différent. Les cartouches en carton doivent être d'une grande solidité ; leur diamètre extérieur est égal à une fois et demie leur diamètre intérieur ; ils se font du reste, comme on l'a vu au § 2, chapitre III, mais on ajoute de l'épaisseur aux parois.

Les dimensions des cartouches en carton sont en millimètres :

Hauteur	250	350	400
Diamètre intérieur .	10	15	28
— extérieur .	20	28	32

La chandelle la plus en usage autrefois était la plus grande ; on peut employer avantageusement aujourd'hui les petites chandelles, parce que les étoiles que je fabrique font bien plus d'effet et paraîtront à cause de leur éclat beaucoup plus fortes que les grosses étoiles d'autrefois.

La hauteur indiquée pour le cartouche est donnée pour une chandelle devant renfermer dix étoiles.

§ 2. — *Chargement.*

On emploie pour le chargement des chandelles romaines des compositions de gerbes ou de jets ; celles qui se prêtent le plus à cette fabrication correspondent aux formules n°ˢ 76, 78, 80, 83, 84.

Pour charger, par exemple, un cartouche de 32 millimètres de diamètre, on terre la partie inférieure avec une mesure ou lanterne de quatre grammes d'argile sèche sur laquelle on frappe vingt coups de maillet ; on met ensuite une mesure de composition sur laquelle on donne dix coups de maillet ; puis, une charge de poudre avec un coup de maillet et une étoile par-dessus. Sur cette étoile on met une nouvelle mesure de composition, qu'on charge par quatre ou cinq coups de maillet ; on ajoute par-dessus une charge de poudre, puis une étoile. On continue de la sorte, jusqu'à ce que le cartouche soit plein, et l'on termine en mettant une lanterne de composition et en amorçant.

Lorsqu'on fait le chargement dans des tubes métalliques, il faut charger la composition plus fortement, à cause de l'échauffement du tube, et l'on ne se sert que de faibles charges de poudre. Si l'on emploie des compositions sèches, c'est-à-dire qui ne renferment pas de glu, il faut les charger beaucoup plus fortement dans le tube, et l'on risque alors, à moins qu'on ne prenne de grandes précautions, d'écraser les étoiles, ce qui ferait manquer l'artifice. On peut du reste se contenter de diminuer la dose de glu, si l'on trouve que le jet n'a pas assez de vigueur.

Les dimensions des cartouches ont été données, et, comme les grosseurs des étoiles et les doses de composition varient suivant les diamètres de ces cartouches, on trouvera, dans les trois tableaux suivants, toutes les indications nécessaires pour faire un bon chargement.

§ 3. — *Chandelle romaine du diamètre de 20 millimètres.*

CARTOUCHE EN CARTON.			CARTOUCHE MÉTALLIQUE.		
Poids d'une mesure de composit.	Diamètre de l'étoile.	Charge de poudre par étoile.	Poids d'une mesure de composit.	Diamètre de l'étoile.	Charge de poudre par étoile.
1 gr. 1/2	8 mill.	1re 1 gr.	1 gr. 1/2	9 mill.	1re 0,50
—	—	2e 0,50	—	—	2e 0,40
—	—	3e 0,40	—	—	3e 0,30
—	—	4e 0,40	—	—	4e 0,30
—	—	5e 0,30	—	—	5e 0,20
—	—	6e 0,20	—	—	6e 0,20
—	—	7e 0,20	—	—	7e 0,10
—	—	8e 0,20	—	—	8e 0,10
—	—	9e 0,10	—	—	9e 0,05
—	—	10e 0,10	—	—	10e 0.05

4. — *Chandelle romaine du diamètre de 28 millimètres.*

CARTOUCHE EN CARTON.			CARTOUCHE MÉTALLIQUE.		
Poids d'une mesure de composit.	Diamètre de l'étoile.	Charge de poudre par étoile.	Poids d'une mesure de composit.	Diamètre de l'étoile.	Charge de poudre par étoile.
2 gr. 1/2	13 mill.	1re 2 gr.	2 gr. 1/2	14 mill.	1re 1 gr.
—	—	2e 1 »	—	—	2e 0,50
—	—	3e 0,50	—	—	3e 0,30
—	—	4e 0,50	—	—	4e 0,20
—	—	5e 0,50	—	—	5e 0,20
—	—	6e 0,30	—	—	6e 0,20
—	—	7e 0,30	—	—	7e 0,10
—	—	8e 0,30	—	—	8e 0,10
—	—	9e 0,20	—	—	9e 0,10
—	—	10e 0,20	—	—	10e 0,10

§ 5. — *Chandelle romaine du diamètre de 32 millimètres.*

CARTOUCHE EN CARTON.			CARTOUCHE MÉTALLIQUE.		
Poids d'une mesure de composit.	Diamètre de l'étoile.	Charge de poudre par étoile.	Poids d'une mesure de composit.	Diamètre de l'étoile.	Charge de poudre par étoile.
4 gr.	13 mill.	1re 3 gr.	4 gr.	17 mill.	1re 2 gr.
—	—	2e 1,50	—	—	2e 1 »
—	—	3e 1 »	—	—	3e 0,50
—	—	4e 0,60	—	—	4e 0,30
—	—	5e 0,50	—	—	5e 0,30
—	—	6e 0,50	—	—	6e 0,30
—	—	7e 0,50	—	—	7e 0,30
—	—	8e 0,50	—	—	8e 0,30
—	—	9e 0,40	—	—	9e 0,30
—	—	10e 0,40	—	—	10e 0,30

§ 6. — *Observations.*

Il faut remarquer que, dans ces tableaux, l'étoile dénommée 1re est celle qui quitte le cartouche la première, et qui par conséquent est chargée la dernière. La première étoile chargée est donc la 10e et sa charge de poudre est plus faible, le tube à parcourir étant plus long.

La dose de poudre destinée à lancer les étoiles peut être augmentée ou diminuée ; celle qui est indiquée dans ces tableaux donne de bons résultats. On trouvera les formules pour étoiles au § 33, chapitre IV.

§ 7. — *Confection des étoiles pour chandelles romaines.*

Les étoiles pour chandelles romaines se préparent au moyen d'un cadre dans lequel on tasse, avec un rouleau, de la pâte sur une épaisseur de huit millimètres pour les gros diamètres, et de six millimètres pour les petits. Avec un emporte - pièce cylindrique , on obtient de petits disques percés par leur centre dans lequel on introduit un brin de mèche vive; on laisse sécher pendant une quinzaine de jours avant de les charger.

L'emporte-pièce est muni, dans son centre, d'une pointe A, destinée à percer l'étoile, et d'un disque B, destiné à la refouler, lorsqu'elle est faite.

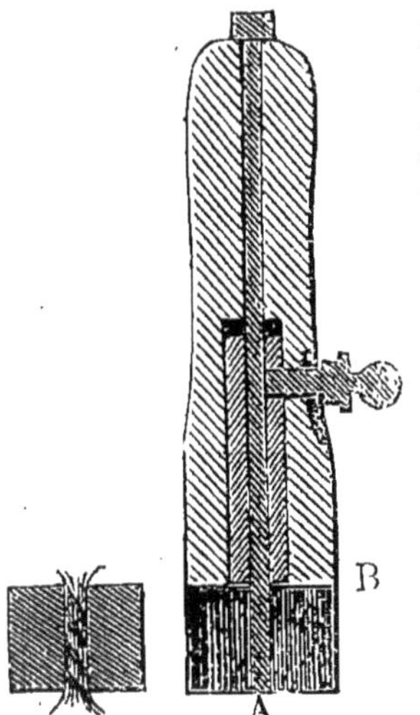

Fig. 11.

Pots à feu.

§ 8. — *Cartouche.*

Le pot à feu est un artifice qui, comme la chandelle romaine, est destiné à lancer des étoiles;

7..

chaque pot en renferme un certain nombre qui doivent brûler ensemble pour former un bouquet en s'épanouissant. Il peut être avantageusement employé pour terminer, en forme de bouquet, de petits feux d'artifice; on le prépare très-vite et facilement.

Le cartouche dans lequel on charge cet artifice est en métal ou en cartonnage; s'il est en métal, il est d'un long usage; s'il est en cartonnage, il ne peut servir que peu de fois.

Le cartouche en métal est en forte tôle ou en cuivre avec fond rivé, entièrement recouvert d'une toile collée et d'une spirale de ficelle.

Le cartouche en cartonnage se fait avec du papier carton, enroulé environ dix fois sur lui-même et collé à la colle forte.

La largeur des cartouches est de six, huit, dix centimètres, et la hauteur de dix, douze, quinze centimètres. La charge de poudre est de quatre, six, huit grammes, suivant le diamètre du cartouche.

§ 9. — *Chargement.*

Pour le chargement, on tasse, par vingt coups de maillet, deux ou trois lanternes de glaise sèche dans le fond du cartouche; ensuite, on charge, par deux petits coups de maillet, la quantité de poudre sur laquelle on a mis une bourre traversée d'un brin de mèche. On dispose alors sur la poudre une boîte en liége ou en carton, percée au centre de son fond, ce qui permet de faire passer une mèche vive d'amorçage, d'un coté, sur la poudre, et, de l'autre, en dehors du cartouche. On met symétriquement dans la boîte des étoiles de chandelles romaines et un peu de poussier, sur lequel on applique un couvercle en papier fort, traversé par la mèche, et le cartouche est chargé.

Lorsqu'on met le feu, le poussier et les étoiles sont allumés avant la poudre, qui n'est destinée qu'à les chasser en dehors du cartouche.

Les étoiles qui servent au chargement de ces pots,

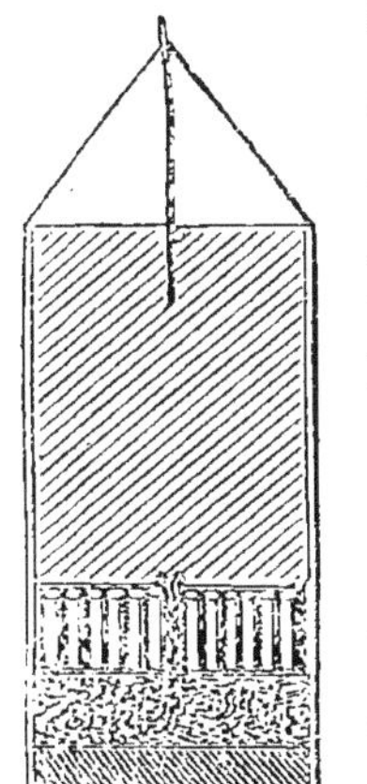

Fig. 12.

sont les mêmes que les étoiles de chandelles romaines, mais elles ont cinq millimètres de diamètre et autant de hauteur; elles se font de la même façon.

On peut aussi garnir le pot, lorsqu'il est en carton, d'une composition de gerbes, qu'on charge sur la boîte d'étoiles. On obtient ainsi une pluie de feu, terminée par une détonation et un bouquet d'étoiles.

Fusées volantes.

§ 10. — *Cartouche.*

La fusée volante est un artifice ascensionnel, surmonté d'un pot destiné à éclater au sommet de la course, au moment où la fusée s'incline pour retomber.

Le pot laisse dans l'espace une garniture enflammée, composée tantôt d'étoiles, tantôt d'une ou de plusieurs étoiles à parachute, tantôt de grains de composition d'étoiles, ou enfin de marrons, de serpenteaux, de pétards, de petites lances chargées en pluie de feu, etc, etc.

§ 11. — *Chargement.*

Pour charger le cartouche d'une fusée volante, étranglé à l'une de ses extrémités, on se sert d'une broche et d'un jeu de baguettes évidées. On place le cartouche A sur la broche B, les deux pièces étant bien verticales, de manière à conserver régulier l'écartement de la broche et du cartouche; on met alors une mesure de composition, et l'on charge avec la baguette C, afin de bien fixer à sa place le cartouche sur sa broche, l'étranglement de celui-là devant s'appuyer sur le mamelon de celui-ci. On peut aussi disposer sur ce mamelon quatre brins de mèche, pour les faire arriver dans cette première charge de composition, ce qui facilite

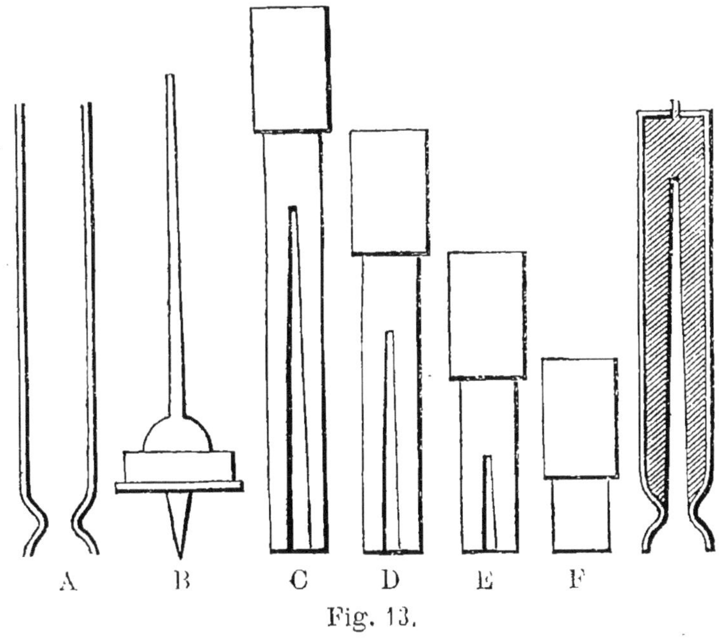

Fig. 13.

l'amorçage. Lorsqu'on a frappé le nombre de coups voulu, on ajoute une nouvelle mesure de composition, qu'on recharge de la même façon. On change la baguette à charger C, pour en prendre une plus petite D, lorsqu'on a bourré trois mesures de composition; on emploie la baguette E, après avoir bourré trois autres mesures de composition; enfin, on charge avec la baguette pleine F, lorsque le chargement dépasse la broche, et l'on continue le chargement de cette partie pleine, appelée massif. Le massif doit avoir une hauteur égale au diamètre intérieur de la fusée.

Le massif a une grande importance dans une fusée ; car celle-ci cesse de monter, lorsque la partie creuse de la composition finit de brûler, et il faut que le massif brûle le temps nécessaire, pour permettre à la fusée de faire un quart de révolution : il suffira donc d'allonger ou de diminuer la hauteur du massif pour hâter ou retarder la rupture du pot. On ne lui donne que quelques millimètres pour les fusées tirées dans les bouquets.

Lorsque le massif est chargé, on applique un disque de carton, percé par son centre, on replie la moitié de l'épaisseur du carton du cartouche sur ce disque, on l'aplatit par quelques coups de maillet, et l'on perce quelques lumières dans ce fond.

Le cartouche est chargé ; il reste à mettre le pot, la garniture, le chapiteau et la baguette.

Le pot a généralement deux diamètres et demi de la fusée et trois diamètres de hauteur ; il est fait en fort papier collé par trois révolutions, et terminé par une douille échancrée, qui sert à le fixer, avec de la colle, sur le corps du cartouche. Lorsque le pot, ainsi fixé, est sec, il est percé par son fond, et rempli avec une ou deux cuillerées de composition de chasse, mêlée avec les étoiles ou toute autre garniture. Le pot est coiffé d'un chapiteau conique, fait d'un cercle de fort papier et collé au moyen d'une bordure échancrée de papier ou de mousseline.

La baguette est un bâton carré, un peu plus gros

par un de ses bouts. On la fixe, par trois ligatures, au corps du cartouche; le gros bout de la baguette est appliqué sur le cartouche, à deux centimètres du pot. La première ligature est faite dans l'étranglement du cartouche; la troisième, à deux centimètres de l'extrémité de la baguette, et la deuxième, entre les deux autres.

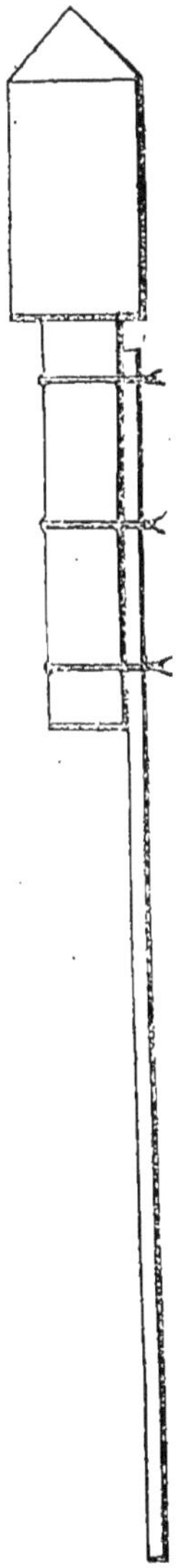

§ 12. — *Conditions du bon fonctionnement des fusées volantes.*

Pour qu'une fusée fonctionne bien, il faut que le pot soit collé de telle sorte que son centre corresponde au centre du cartouche et que la pointe de son chapiteau soit dans l'axe de la fusée. La baguette doit être aussi légère que possible, et avoir sept fois environ la longueur du cartouche. La garniture doit occuper le vide du pot; s'il n'en est pas ainsi, on remplit avec un peu de coton. Le chargement doit être fait avec soin; sans cela, les fusées dépoteraient au départ. Le centre de gravité d'une fusée volante doit être un peu au-dessous du cartouche. On vérifie s'il en est ainsi, en la plaçant horizontalement sur le doigt, le point d'appui étant sur

Fig. 14. la baguette à vingt millimètres du cartouche. Si le cartouche plonge, il faut augmenter le poids de la baguette; si c'est la baguette, on doit en diminuer le poids.

On comprendra facilement que, suivant le diamètre intérieur de la fusée, celle-ci devra avoir une longueur plus ou moins grande, une garniture plus ou moins forte. Les renseignements qui précèdent s'appliquent à tous les calibres. Je vais donner dans le tableau ci-après les indications nécessaires pour la bonne confection des fusées de chaque diamètre. Dans ce tableau, les mesures de longueur sont données en millimètres, excepté pour la baguette de direction, dont la longueur est indiquée en centimètres. Les poids d'étoiles, de charge, etc., sont toujours donnés en grammes.

§ 13. — *Tableau descriptif de la fabrication des fusées volantes de différents calibres.*

BAGUETTE A CHARGER :

Diamètre en mill. . .	8,5	13	17	20	21,5	25,5	26,5	34

CARTOUCHE :

Diamètre extérieur. .	14	20	27	31	34	40	42	54
Diamètre intérieur. .	9	14	18	21	23	27	28	36
Longueur.	80	125	130	175	175	260	275	305

CHAPITEAU :

Hauteur.	23	40	45	50	50	60	60	70

POT :

Diamètre	20	27	35	40	50	55	60	70
Hauteur.	25	45	70	70	75	80	80	90

MASSIF :

Hauteur.	12	17	20	25	26	37	37	40

BROCHE :

Diamètre au sommet.	2	3	4	5	6	7	7	8
Diamètre à la base. .	5	7	9	10	12	13	14	17
Hauteur.	50	90	100	140	140	141	142	225
Diamètre du mamelon.	8	13	17	18	22	26	27	35
Hauteur totale	63	104	118	160	160	168	170	255

GARNITURE :

Poids d'étoiles	20	30	50	70	90	100	150	225
Poids de chasse . . .	2	3	5	5	6	7	8	10

BAGUETTE DE DIRECTION :

Epaisseur.	5	6	8	9	10	12	12	15
Longueur.	70	84	100	120	130	160	180	200
Poids	60	100	125	150	155	160	175	225

CHARGE :

Poids d'une mesure .	4	6	7	8	9	10	10	18
Nombre de mesures .	10	10	12	12	13	14	15	15
Nombre de coups de maillet : composition sèche.	15	15	20	20	30	30	30	30
Nombre de coups de maillet : composition grasse.	6	6	10	10	12	12	15	15

§ 14. — *Observations.*

Le chargement d'une fusée volante n'est pas aussi compliqué qu'il le parait. Supposons qu'on veuille charger une fusée de quatorze millimètres de diamètre extérieur, on prendra :

1° La série des quatre baguettes à charger ayant huit millimètres et demi de diamètre ;

2° La broche de soixante-trois millimètres, mamelon compris ;

3° La composition de chargement A ou B ;

4° Un cartouche de quatorze millimètres de diamètre extérieur et de neuf millimètres de diamètre intérieur ;

5° Un pot de vingt millimètres de diamètre ;

6° Un chapiteau de vingt-trois millimètres de hauteur ;

7° Vingt grammes de garniture ;

8° Deux grammes de composition de chasse ;

9° Une baguette de soixante-dix centimètres de longueur sur cinq millimètres d'équarrissage, pesant environ soixante grammes.

Ces objets étant à la disposition du préparateur, il opérera le chargement, et la fusée pourra être terminée en quinze minutes.

Pour tirer une fusée volante, on la place sur un chevalet ou sur un épaulement.

§ 15. — *Formules de compositions de char-gement pour fusées volantes.*

FORMULE N° 89. A.

Nitrate de potasse.	1,000	gram.
Soufre	250	—
Charbon de bois dur . . .	500	—

Ce mélange se fait de préférence au tonneau, par une trituration d'une demi-heure.

FORMULE N° 90. B.

Nitrate de potasse.	1,000	gram.
Soufre . . . . :	225	—
Charbon de bois dur . . .	450	—
Glu de lin.	12	—

Ce mélange est fait, comme le précédent ; la glu est ajoutée au mortier, lorsque la poudre est faite.

Feu brillant.

FORMULE N° 91. A.

Nitrate de potasse.	1,000	gram.
Soufre	250	—
Charbon de bois dur . . .	300	—
Limaille d'acier	200	—

FORMULE N° 92. B.

Nitrate de potasse	1,000	gram.
Soufre	200	—
Charbon de bois dur . . .	300	—
Limaille d'acier	150	—
Glu de lin	12	—

Ces compositions se préparent comme les précédentes ; la limaille doit être amorcée.

Feu étincelant.

FORMULE N° 93. A.

Poussier au bois dur . . . 1,000 gram.
Limaille de fonte . . . . . 300 —

FORMULE N° 94. B.

Poussier au bois dur . . . 1,000 gram.
Limaille de fonte . . . . . 200 —
Glu de lin . . . . 8 —

La limaille de fonte doit être amorcée. Le poussier se fait par trituration au tonneau ; la limaille de fonte et la glu de lin sont ajoutées par simple mélange.

§ 16. — *Composition de chasse pour pots de fusées, etc.*

FORMULE N° 95.

Poussier ordinaire . . . . 1,000 gram.
Charbon léger. . . . . . . 150 —

Il suffit de mélanger ces deux substances convenablement au mortier ou, pendant dix minutes, au tonneau à triturer.

Les compositions de chasse sont placées dans les pots à feu, dans les pots de fusées volantes, et dans les bombes d'artifice pour faire éclater les enveloppes et pour allumer les étoiles et autres garnitures.

Garnitures de fusées volantes.

§ 17. — *Étoiles.*

Les étoiles qui servent pour garniture de fusées.

sont de forme lenticulaire de cinq, dix ou quinze grammes. Les premières ont six millimètres d'épaisseur, pour douze millimètres de diamètre ; les secondes, sept millimètres d'épaisseur pour vingt millimètres de diamètre ; les troisièmes, huit mil-

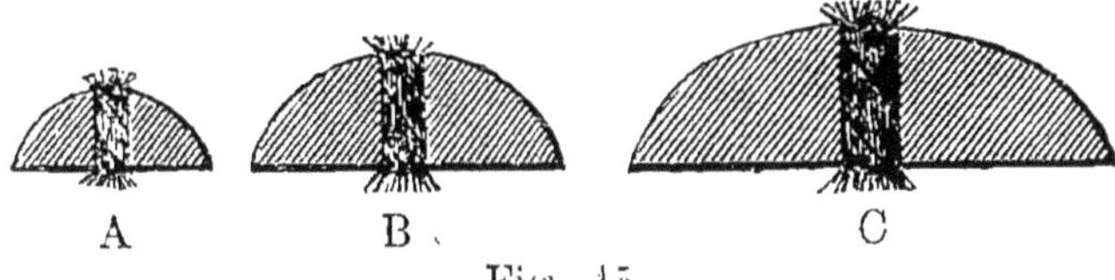

Fig. 15.

limètres d'épaisseur pour trente millimètres de diamètre. Elles correspondent aux figures A. B. C.

Ces étoiles sont percées par leur centre, et le trou de deux millimètres, qui existe à ce point, est garni d'une mèche d'amorçage, qui est rabattue sur les deux faces.

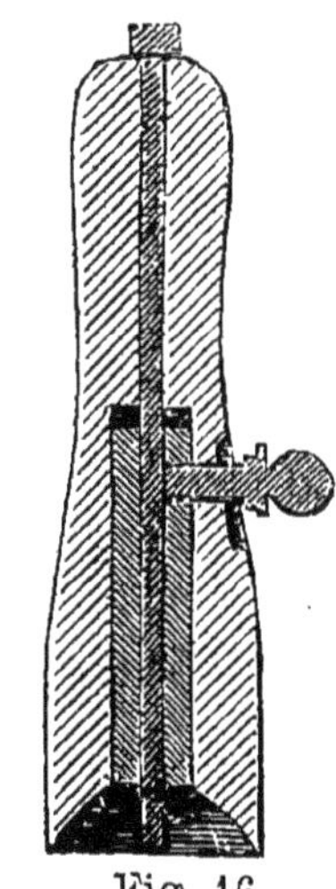

Fig. 16.

Les étoiles peuvent être faites à la main ; pour cela, il suffit de peser les morceaux, de les façonner avec les doigts, de les percer et de les amorcer. Lorsqu'on a une grande quantité d'étoiles à fabriquer, on emploie un moule qui permet de faire bien et vite.

Les étoiles ainsi faites, avec mes compositions, ont une grande durée et beaucoup d'éclat. Il faut employer les petites de préférence dans les petits pots, et les grosses dans les grands pots. La grande surface de ces étoiles les retient en l'air et les fait planer, ce qui les fait un peu ressembler à des étoiles à parachute.

§ 18. — *Grains d'étoiles.*

Les grains d'étoiles qu'on emploie pour les fusées volantes, sont de la grosseur de petites pilules de dix à vingt centigrammes ; ces grains se font en roulant de petits bâtons de composition, qu'on divise avec un couteau en petits morceaux, et on les tourne ensuite dans les doigts comme des pilules. Pour en faire une certaine quantité, il est préférable d'employer un pilulier. Comme il n'est pas possible d'amorcer, avec de la mèche, des étoiles aussi petites, il convient de les humecter avec un peu d'eau-de-vie gommée, ou, ce qui vaut mieux, avec un peu de benzine, et de les rouler dans du poussier.

Les formules pour les étoiles et pour les grains de garniture de fusées sont au § 35, chapitre IV.

§ 19. — *Pluie d'or.*

La pluie d'or en garniture se façonne de la même manière que les étoiles moulées. Pour les faire, on emploie les compositions indiquées dans les formules pour gerbes et pour jets qui renferment de la glu, dont on double du reste le poids indiqué. Ces compositions se préparent facilement avec un moule ; mais, comme elles sont peu adhérentes, il est nécessaire de les comprimer fortement pour leur donner une cohésion qui, du reste, s'accroît à mesure que l'étoile vieillit.

Les compositions pour pluie d'or ou pluie de feu en garniture peuvent aussi se charger dans des cartouches en papier : on dispose alors, dans le pot de la fusée, ces petites gerbes sur leur base amorcée. Elles peuvent être garnies d'un pétard ou de grains d'étoiles.

Il convient d'observer que, lorsque ces compositions sont employées dans des cartouches, il ne faut ajouter ni glu ni benzine ; ces deux corps n'étant mis dans les compositions que pour donner plus d'adhésion à la matière. La benzine ajoutée se volatilise du reste, et c'est seulement alors que les compositions brûlent bien.

§ 20. *Étoiles détonantes ; marrons.*

Les étoiles détonantes sont faciles à faire. On prend de petites sphères ou de très-petites boîtes cylindriques en zinc ou en carton ; ces boîtes ne doivent avoir qu'un centimètre de diamètre. Elles sont remplies de poudre intérieurement, puis recouvertes d'une toile collée à la colle forte; on perce une lumière et l'on amorce avec un brin de mèche. On imbibe la surface de l'étoile avec un peu de benzinc chargée de glu de lin (§ 9), et l'on recouvre avec de la pâte d'étoiles sur une épaisseur de quelques millimètres. On comprime fortement l'étoile qu'on roule dans le poussier.

Les marrons sont des étoiles détonantes plus grosses. On les recouvre rarement de composition éclairante; ils sont employés en garniture, et quelquefois aussi munis d'une charge et tirés au mortier.

Le marron peut être fait sphérique, ou cubique, ou cylindrique. Il est chargé de poudre et recouvert d'une toile, collée à la colle forte, qu'on garnit de tours de ficelle, de façon que ceux-ci se touchent et se croisent perpendiculairement. Plus la résistance de l'enveloppe est grande, plus l'explosion est forte. On peut simplifier la fermeture des marrons, en recouvrant la toile collée d'une couche de pâte de carton.

Le marron sec est percé d'un trou et amorcé.

§ 21. — *Serpenteaux.*

Les serpenteaux sont de petits cartouches de six à huit millimètres de diamètre sur huit à dix centimètres de hauteur. Ces cartouches renferment une petite dose de poudre, chargée sur de la sciure de bois, et par-dessus, sur

F. 17. les deux tiers de la hauteur d'une composition

de gerbes ou de jets. Les cartouches, ainsi chargés, sont étranglés et amorcés avec un brin de mèche et de la pâte d'amorce.

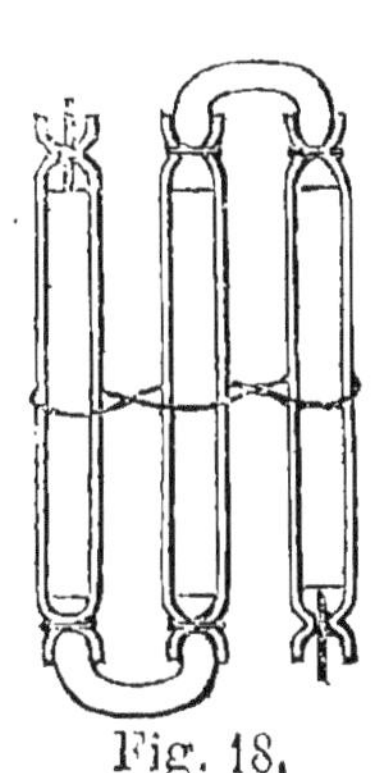
Fig. 18.

Lorsqu'on ne met pas de charge de poudre, les serpenteaux peuvent être amorcés par les deux bouts ; on les réunit alors par deux ou trois pour donner plus de durée. On peut encore produire des détonations, en mettant de petits pétards dans le tube de communication qui relie les cartouches.

On obtient de beaux serpenteaux en employant une pastille ou petit soleil, dont le tube, non collé sur son bouton de bois, a la forme d'une spirale. Ces serpenteaux ont de la durée et sont faits beaucoup plus vite que les précédents. Voir la confection des pastilles § 13, chapitre VI.

Les compositions que je fabrique tiennent peu d'emplacement, de sorte qu'il est facile de loger, même dans les serpenteaux, des grains d'étoiles qui font un très-bel effet.

Fusées volantes à parachute.

§ 22. — *Fabrication*.

Les fusées volantes à parachute sont chargées

comme les fusées volantes ordinaires; le cartonnage dépasse le massif de quelques centimètres qui forment cavité. Cette cavité renferme une charge de poudre destinée à dégager le pot et le parachute.

La fusée chargée est disposée pour recevoir un grand parachute ou une série de petits.

Pour les gros parachutes, les étoiles sont faites avec des bouts de flambeaux de quarante millimètres, et pour les petits, avec de petits flambeaux ou de petites lances.

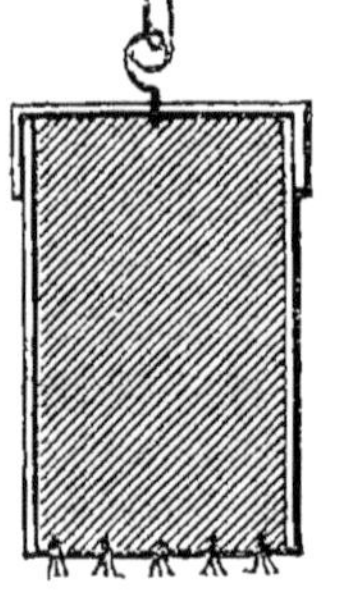

Fig. 19.

Pour monter de grosses étoiles, on prend des bouts de flambeaux de six centimètres de hauteur; on recouvre l'enveloppe de deux tours de papier et l'on colle une des extrémités dans un petit fond en cartonnage, surmonté d'un piton fermé.

Une S fermée, en fil de fer, réunit l'étoile aux montants en ficelle du parachute.

Pour faire le parachute, on se sert de lustrine ou de soie; on l'obtient très-facilement avec l'étoffe d'une ombrelle démontée, dont les huit pointes sont garnies de ficelles formant les montants du parachute. Le centre est percé d'un trou d'un centimètre

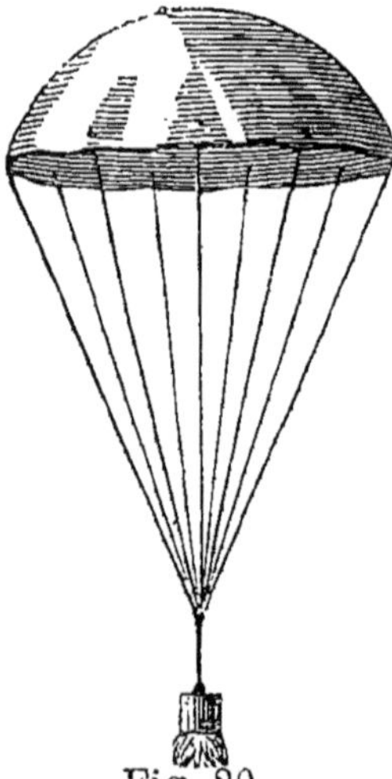

Fig. 20.

de diamètre. Le parachute ainsi préparé est relié à l'étoile par ses montants et le fil de fer.

L'étoile est mise dans le pot de la fusée, l'amorce servant de base. On verse sur le fond de l'étoile de la sciure de bois de façon à recouvrir le piton, puis on replie les montants du parachute par-dessus et l'on coiffe le pot.

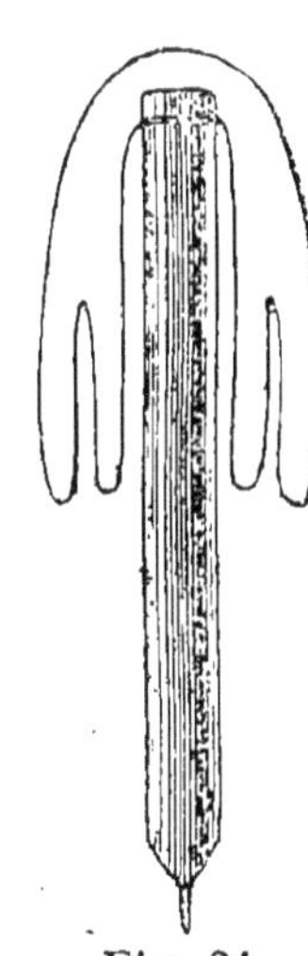

Fig. 21.

Pour les petits parachutes, on ferme les lances avec un bouchon; on lie à celui-ci les montants du parachute et on le dispose, replié sur la moitié de la hauteur de la lance. Les étoiles, ainsi montées, sont placées en nombre suffisant dans le pot des fusées, l'amorce sert de point d'appui.

Pour qu'une fusée à parachute fonctionne bien, il faut qu'elle remplisse toutes les conditions de bon chargement et d'équilibre, qui ont été énumérées pour les fusées volantes ordinaires.

Les renseignements qui précèdent s'appliquent à toutes les fusées à parachute; le tableau ci-après donne toutes les indications nécessaires pour la bonne confection des fusées à parachute de chaque diamètre.

§ 23. — *Tableau descriptif des fusées à parachute de différents calibres.*

Les mesures de longueur sont en millimètres; les poids en grammes.

DIAMÈTRE :				
Du cartouche	14	20	27	34
Des grands parachutes.	400	500	800	1,000
Des petits parachutes.	20	20	20	20
MONTANTS :				
Des grands parachutes. { longueur.	400	500	800	1,000
{ nombre. .	8	8	8	8
Des petits parachutes. { longueur.	200	200	200	200
{ nombre. .	5	5	5	5
FIL DE FER :				
Longueur pour les grands.	15	15	15	20
Longueur pour les petits.	3	3	3	3
GROSSE ÉTOILE.				
Poids.	20	35	55	85
PETITES ÉTOILES :				
Poids de l'unité.	3	3	6	6
Nombre	6	18	10	12
GROSSE ÉTOILE.				
Charge de poudre	10	15	10	20
PETITES ÉTOILES :				
Charge de poudre.	4	5	6	8
POT :				
Diamètre pour la grosse étoile. . .	34	34	45	70
Diamètre pour les petites étoiles.	20	27	35	50

§ 24. — *Observations.*

On donne au pot la hauteur voulue pour loger le parachute, et on le coupe pour le recouvrir de son chapiteau.

Pour les grandes étoiles à parachute dés fusées de 14 et 20 millimètres de diamètre, on emploie des flambeaux de vingt-deux millimètres de diamètre ; pour les étoiles des fusées de 27 et 34 millimètres, on se sert des flambeaux de 40 millimètres de diamètre.

Pour les petites étoiles des fusées de 14 et 20 millimètres de diamètre, on fait usage de lances de cinq millimètres de diamètre, et enfin, pour les petites étoiles des fusées de 27 et 34 millimètres de diamètre, on se sert de lances de dix et quinze millimètres de diamètre.

On façonne les différentes étoiles à parachute, en prenant des lances et des flambeaux chargés avec les compositions indiquées aux paragraphes : lances et flambeaux.

Le poids des grosses et des petites étoiles doit varier suivant le poids du parachute. On pourra augmenter le poids des étoiles, en employant des tissus légers, et le diminuer, en employant des tissus lourds.

Étoiles filantes. — Météores.

§ 25. — *Étoiles filantes.*

Ces artifices sont très-beaux par leur effet et d'une fabrication facile ; ils forment en quelque

8.

sorte le passage entre les fusées, qui viennent d'être étudiées, et les bombes qui le seront bientôt.

Les étoiles filantes se tirent dans des tubes métalliques renforcés par une spirale de ficelle. Elles sont formées d'un noyau lumineux rouge, entouré de composition vive et blanche.

Pour fabriquer une étoile de quatre centimètres de diamètre, on prend de la composition de lances rouges de petit diamètre, et l'on prépare une pastille de cinq millimètres d'épaisseur sur vingt millimètres de diamètre. On la laisse durcir plusieurs jours, et on la place au centre d'une composition blanche ou verte, qu'on a façonnée en cylindre de trente millimètres de hauteur sur quarante millimètres de diamètre. Ce cylindre est comprimé fortement, amorcé de quelques brins de mèche et mis à sécher pendant au moins quinze jours. Lorsque la surface en est devenue très-dure, il peut être tiré dans son tube. La charge de poudre représente environ le douzième du poids de l'étoile.

L'étoile filante fonctionne aussi bien, lorsqu'elle est faite sphérique; dans ce cas, il suffit de mettre le noyau sous la forme d'une petite sphère, et de l'envelopper de la seconde composition de manière à former une sphère de quatre centimètres de diamètre.

L'étoile filante peut porter sa charge de poudre. On fait alors en pâte de carton un cône, qui renferme cette charge, et un tube de mèche de communication entoure l'étoile qui est appliquée sur cette même charge. On relie l'un à l'autre avec quelques bandes de papier collé. Le tube de mèche dépassant l'orifice du mortier, il n'est plus nécessaire que celui-ci ait une lumière.

Le fond du mortier est fait de pâte de carton, et la chambre est de la forme du cône qui renferme la charge de poudre.

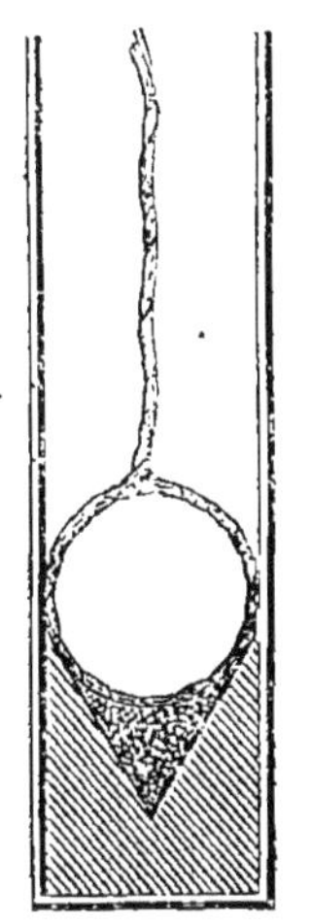

Fig. 22.

§ 26. — *Météore.*

Le météore se fait de la même manière que l'étoile filante, mais au centre est un marron ou une boîte à poudre sphérique, qu'on enveloppe d'une composition de couleur, déterminée dans l'une des formules indiquées pour les lances de petit diamètre.

On ne devra jamais donner plus de deux centimètres d'épaisseur à la composition lumineuse pour les météores de grosseur moyenne, car elle doit finir de brûler peu de temps après l'éclatement de la charge intérieure, et l'on ne doit apercevoir les fragments de la composition enflammée que pendant deux ou trois secondes après qu'ils auront été dispersés.

La rupture doit avoir lieu au sommet de la course.

Pour des météores de quinze ou vingt centimètres de diamètre, on fait une boîte à poudre en pâte de carton, capable de renfermer trois ou cinq hectogrammes de poudre § 12, ou du pulvérin. On lui donne une cavité intérieure de huit et dix centimètres, et un diamètre extérieur de dix centimètres pour le petit météore et de quatorze pour le gros. Cette boîte fermée est percée d'une lumière et amorcée, puis recouverte de trois centimètres de composition colorée, fortement comprimée. On amorce sur toute la surface avec des brins de mèche à étoupilles; le météore s'enflamme en totalité au départ.

Les météores auront besoin de sécher au moins un mois avant d'être tirés, et, comme la surface en devient plus dure et plus résistante en vieillissant, ils seront préférables pour le tir à mesure qu'ils deviendront plus anciens.

La boîte à poudre pourra renfermer une quantité beaucoup moindre de pulvérin, et le vide sera alors rempli avec des compositions de pluie de feu, etc.

Fig. 23.

Bombes d'artifice.

§ 27. — *Confection de l'amorce.*

La bombe est un artifice sphérique et creux, formé d'un cartonnage solide, rempli de garnitures, et plus spécialement d'étoiles ; elle est destinée à être lancée en l'air, où elle éclate au sommet de la course, en projetant la garniture.

Les bombes sont amorcées avec des mèches lentes ; les petites sont tirées dans un tube ; les grosses, dans un mortier. La charge de poudre est mise directement dans le tube, où elle est adhérente, comme pour les météores. La bombe alors porte sa charge de tir. La fabrication d'une bombe se compose donc :

1° De la confection de la fusée ;

2° De la confection de l'enveloppe ;

3° De la garniture ;

4. De la charge de tir.

Pour préparer la fusée d'une bombe, prendre de la mèche d'amorçage A ou B, envelopper cette mèche avec du coton sous la forme de spirale, encoller ensuite ce coton et le recouvrir d'une triple enveloppe de papier. Il suffit de couper le tube, ainsi préparé, par fragments de la longueur déterminée, et de l'étrangler légèrement par une de ses extrémités.

On donne ordinairement à la fusée, surtout pour les bombes moyennes, la longueur du rayon de la bombe, de sorte que, collée dans la lumière, elle se termine au centre. Les petites bombes devront avoir une fusée proportionnellement plus longue, et les grosses l'auront plus petite. En résumé, lorsqu'on a une provision suffisante de mèche pour fusées d'amorce, on charge une bombe de huit centimètres de diamètre, en donnant à la fusée une longueur de quatre centimètres. La bombe doit éclater au sommet de la course ; si elle éclate auparavant, on augmente la longueur de la fusée ; si elle éclate dans sa chute, on diminue la longueur de cette fusée.

§ 28. — *Confection de l'enveloppe.*

Il y a plusieurs moyens pour préparer l'enveloppe des bombes. Voici le plus simple et le plus rapide, surtout lorsqu'il s'agit de petites bombes. On prend deux demi-sphères en zinc, percées à leurs pôles d'un trou proportionné à la grosseur de la bombe. Dans l'un, on colle la fusée ; on réunit les deux demi-sphères avec une bande de toile, collée à la colle forte, et, par l'ouverture du pôle resté libre, on introduit la garniture. On ferme avec un bouchon, et l'on recouvre la sphère de zinc avec une couche de carton pâte.

L'épaisseur du carton pâte est de deux millimètres pour les bombettes de 3, 4, 5, 6 centimètres de diamètre; de cinq millimètres pour les bombes de 7, 8, 10 centimètres de diamètre; enfin, d'un et de deux centimètres pour celles de 27, 30 et 34 centimètres de diamètre.

Lorsque le cartonnage est de plus de quatre ou cinq millimètres d'épaisseur, il doit être mis par couche de cette épaisseur. Il importe de ne mettre la seconde couche que lorsque la première est bien sèche, et on les réunit avec un peu de colle forte.

On peut se dispenser des demi-sphères en zinc, en fabriquant des demi-sphères moulées en pâte de carton ; il faut les réunir, les recouvrir et les charger comme les précédentes.

Enfin, on prépare encore des sphères creuses au moyen d'un noyau de corde qui sert de moule sphérique. La corde est enroulée à l'extrémité d'une tige creuse, la tige dépasse l'enveloppe de la bombe, elle y forme l'œil. Lorsque la bombe est sèche, il suffit de tirer la ficelle, la pelote est dévidée, et le noyau est enlevé.

§ 29. — *Chargement.*

Pour charger cette bombe, on commence par mettre la garniture, et l'on termine en collant la fusée.

L'épaisseur du carton ou de la pâte de carton permet d'employer un mode d'amorçage très-simple et très-bon, surtout pour les petites bombes : il suffit de laisser une lumière de deux millimètres dans la sphère de zinc, et un vide d'un centimètre dans l'enveloppe de pâte de carton ; cette cavité est remplie d'une composition vive d'étoiles. On tasse fortement une de ces com-

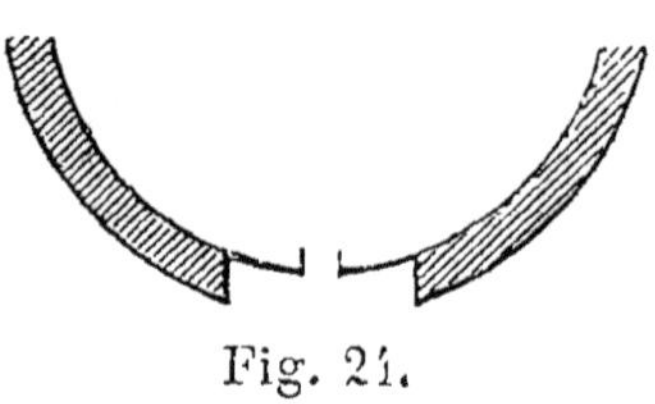
Fig. 24.

positions, après avoir mis dans la lumière un brin de mèche à étoupilles.

Pour que l'inflammation ne rate pas, on peut piquer quelques brins de mèche lorsque l'amorçage est récent, ou en recouvrir la surface d'une couche de pâte d'amorce, lorsqu'il est ancien.

L'épaisseur de la composition d'amorçage doit varier de cinq millimètres pour les petites bombes à quinze millimètres pour les grosses.

Les petites bombes peuvent être tirées dans des cartouches de pots à feu ; les moyennes, dans des tubes plus solides ; et les grosses, dans des tubes ou dans des mortiers très-solides. La bombe entre facilement dans son mortier, qui doit avoir deux millimètres de diamètre de plus que les petites bombes et quatre millimètres de plus que les grosses.

Les bombes peuvent être préparées avec ou sans leurs charges ; celles qui viennent d'être décrites

sont terminées et prê-
tes à être tirées, lors-
qu'on met la charge
dans le mortier. La
bombe suspendue à
un fil est descendue ;
sa fusée est ainsi po-
sée sur la poudre ; il
reste à mettre le feu
à la charge par la lu-
mière du tube ou du
mortier amorcé. Ce
moyen est peu com-
mode dans le tir des
grands feux d'artifice,
et il n'y est employé
que pour les bombes
très-grosses, chargées
à l'avance dans leurs
mortiers.

La figure 25 repré-
sente une bombe char-
gée ,garnie de sa fu-
sée.

La figure 26 repré-
sente une bombe char-
gée, garnie de pâte
d'amorçage.

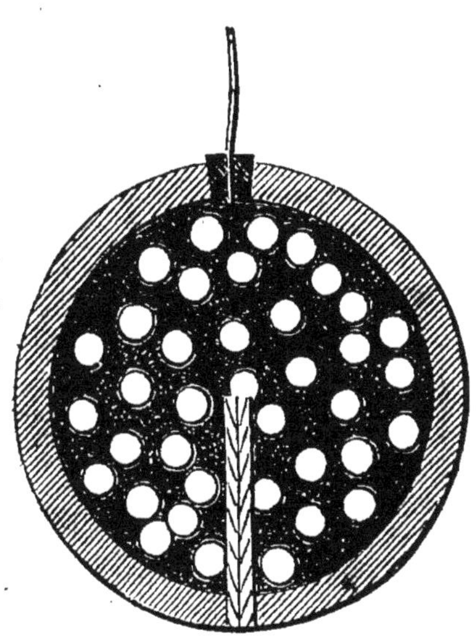

Fig. 25.

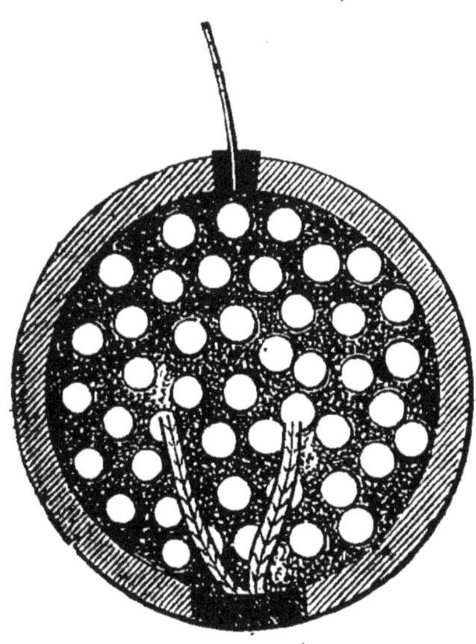

Fig 26.

§ 30. — *Charge de projection.*

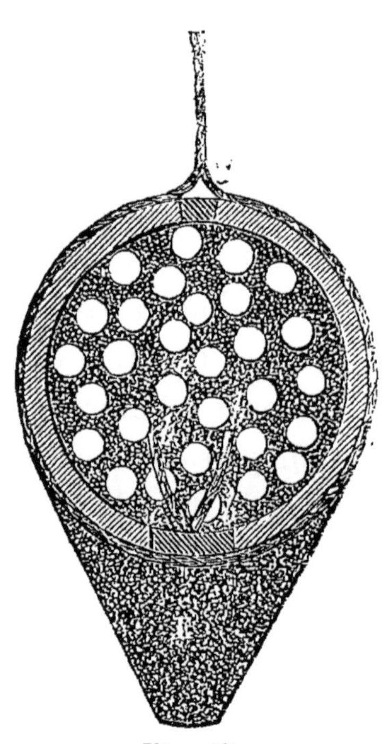

Fig. 27.

Pour garnir une bombe de la charge de poudre, on recouvre la lumière par une boite conique qui renferme la poudre, et l'on fait traverser cette charge par un tube de communication, qui vient déboucher à l'orifice du mortier. Le mortier doit avoir une chambre moulée, de la forme de la boite à charge.

Cette figure représente une bombe garnie de sa charge et de son tube de communication.

§ 31. — *Tableau descriptif des bombes d'artifice de différents calibres.*

Le diamètre des bombes et des tubes ou mortiers est donné en centimètres; celui des étoiles, en millimètres. Tous les poids sont indiqués en grammes.

DIAMÈTRE :

| Intérieur.. | 3 | 4 | 5 | 6 | 7 | 8 | 12 | 20 | 26 |
| Extérieur.. | 4 | 5 | 6 | 7 | 9 | 10 | 14 | 24 | 30 |

TUBE OU MORTIER.

| Diamètre.. | 4,2 | 5,2 | 6,2 | 7,4 | 9,4 | 10,4 | 14,4 | 25 | 31 |

ÉTOILES :

Nombre ..	70	90	120	120	175	300	600	2000	7000
Diamètre..	5	5	5	8	8	8	8	8	8
Poids....	35	45	60	75	198	164	372	1240	4340

CHASSE.

| Poids.... | 5 | 5 | 6 | 6 | 8 | 15 | 30 | 70 | 300 |

BOMBE CHARGÉE.

| Poids.... | 100 | 125 | 160 | 200 | 280 | 460 | 900 | 4000 | 7500 |

CHARGE DE POUDRE.

| Poids.... | 10 | 12 | 16 | 20 | 38 | 46 | 70 | 265 | 500 |

§ 32. — *Observations.*

La bombe peut recevoir, comme garnitures, toutes celles qui ont été décrites pour les fusées volantes, mais on les remplit généralement avec des étoiles. Comme les compositions que j'emploie pour faire des étoiles sont très-vives et très-lentes de combustion, on peut obtenir, avec les grenades ou bombettes, des effets au moins aussi beaux et aussi intenses que ceux obtenus avec les anciennes bombes de dix et quinze centimètres de diamètre.

Les étoiles de garnitures de bombes doivent brûler rapidement, et, lorsque la bombe éclate, donner naissance à un bouquet multicolore, qui s'épanouit et disparaît.

Au moment de l'explosion de la bombe, on peut produire un éclair brillant, en mettant, comme composition de chasse, une composition de jets, chargée de limaille d'acier.

La charge de poudre peut varier d'un huitième à un trentième du poids de la bombe, mais il faut toujours régler la fusée sur la charge de poudre, pour obtenir la rupture au sommet de la course.

Étoiles.

§ 33. — *Formules de compositions d'étoiles pour chandelles romaines, bombes et pots à feu.*

Étoiles blanches.

FORMULE N° 96.

Chlorate de potasse	500	gram.
Nitrate de baryte	500	—
Pulvérin	300	—
Glu de lin	100 à 120	—

Étoiles rouges.

FORMULE N° 97.

Chlorate de potasse	500	gram.
Nitrate de strontiane	500	—
Pulvérin	300	—
Glu de lin	100 à 120	—

Étoiles rouges.

FORMULE N° 98.

Chlorate de potasse	500	gram.
Oxalate de strontiane	250	—
Carbonate de strontiane . .	150	—
Pulvérin	300	—
Glu de lin	100	—

Étoiles roses.

FORMULE Nº 99.

Chlorate de potasse	500	gram.
Oxalate de strontiane	100	—
Carbonate de chaux.	150	—
Charbon de bois léger. . . .	15	—
Pulvérin	300	—
Glu de lin	100	—

Étoiles lilas.

FORMULE Nº 100.

Chlorate de potasse.	500	gram.
Carbonate de strontiane . .	150	—
Oxalate de cuivre.	300	—
Charbon de bois léger. . . .	10	—
Pulvérin	150	—
Glu de lin.	100	—

Étoiles vertes.

FORMULE Nº 101.

Chlorate de potasse.	250	gram.
— de baryte	250	—
Nitrate de baryte	500	—
Pulvérin	200	—
Glu de lin	100	—

Étoiles vertes.

FORMULE Nº 102.

Chlorate de baryte	250	gram.
Oxalate de baryte.	100	—
Nitrate de baryte	300	—
Charbon de bois léger. . . .	10	—
Pulvérin	100	—
Glu de lin	60	—

Étoiles bleues.

FORMULE N° 103.

Chlorate de cuivre et de potasse	500	gram.
Oxalate de cuivre	150	—
Carbonate de baryte	250	—
Pulvérin	100	—
Glu de lin	80	—

Étoiles bleues.

FORMULE N° 104.

Chlorate de potasse	400	gram.
Oxychlorure de cuivre	100	—
Oxalate de cuivre	150	—
Pulvérin	100	—
Glu de lin	70	—

Étoiles jaunes.

FORMULE N° 105.

Chlorate de potasse	500	gram.
Oxalate de soude	120	—
Carbonate de baryte	200	—
Pulvérin	180	—
Glu de lin	90	—

Étoiles jaunes.

FORMULE N° 106.

Chlorate de potasse	500	gram,
Oxalate de soude	120	—
Carbonate de strontiäne	200	—
Plombagine	15	—
Pulvérin	180	—
Glu de lin	100	—

§ 34. — *Préparation des compositions précédentes.*

Les étoiles de chandelles romaines se font rapidement au moyen d'un cadre d'une épaisseur déterminée et d'un emporte-pièce. Lorsqu'elles sont terminées et amorcées, on les roule dans le pulvérin, et on les laisse sécher au moins huit jours avant de les charger.

Les étoiles de bombes sont façonnées au moyen d'un pilulier, comme de véritables pilules. Lorsqu'elles sont terminées, on les humecte d'un vernis léger de caoutchouc et de benzine, et on les roule dans le pulvérin.

Les étoiles faites, on doit en essayer dans quelques chandelles romaines pour en juger la durée ; si cette durée était trop grande, il suffirait d'augmenter un peu la dose de pulvérin et de diminuer la dose de glu ; si elles brûlaient trop rapidement, il y aurait lieu de diminuer la dose de pulvérin et d'augmenter le poids de la glu. On devra observer, dans cet essai, que les étoiles, en vieillissant, brûlent plus rapidement, et qu'elles n'ont une durée bien établie qu'après quinze jours de préparation.

Un ouvrier exercé peut, dans sa journée, confectionner deux mille étoiles.

§ 35. — *Formules de compositions d'étoiles pour fusées volantes.*

Étoiles blanches.

FORMULE Nº 107.

Chlorate de potasse	500	gram.
Nitrate de baryte	500	—
Pulvérin	200	—
Glu de lin	100	—

Étoiles blanches.

FORMULE Nº 108.

Chlorate de potasse	500	gram.
Carbonate de baryte	200	—
Oxalate de cuivre	200	—
Pulvérin	200	—
Glu de lin	100	—

Étoiles rouges.

FORMULE Nº 109.

Chlorate de potasse	500	gram.
Nitrate de strontiane	500	—
Charbon de bois léger	40	—
Pulvérin	150	—
Glu de lin	100	—

Étoiles violettes.

FORMULE Nº 110.

Chlorate de potasse	500	gram.
Carbonate de strontiane	200	—
Oxalate de cuivre	200	—

Sulfure de cuivre. . . . . . .   50 gram.
Pulvérin.   180   —
Glu de lin   150   —

§ 36. — *Observations sur les compositions précédentes.*

Les étoiles vertes, roses, lilas, bleues, jaunes, se font d'après les formules d'étoiles pour bombes, en diminuant, de 30 0/0, le poids du pulvérin, donné dans ces formules.

Les compositions d'étoiles pour fusées volantes peuvent aussi être employées pour charger des bombes, mais alors on devra leur donner le poids, la forme et l'amorçage des étoiles de fusées.

Comme les compositions d'étoiles pour fusées brûlent plus lentement que les compositions pour bombes, on emploiera les premières pour la confection des grains qui doivent être chargés dans les fusées et les bombes, et l'on se servira des secondes, qui brûlent rapidement, pour la préparation des grains destinés à être chargés dans les gerbes, les jets et les tubes tournants, dont on va voir la fabrication.

Les étoiles de fusées sont longues à préparer : un ouvrier exercé peut, dans sa journée, faire quatre cents de ces étoiles amorcées.

CHAPITRE V.

Emploi des artifices pour fêtes publiques.

§ 1. — *Tir d'un feu d'artifice.*

Un feu d'artifice, par sa disposition, représente assez bien une soirée théâtrale. Il y a lever de rideau, actes, intermèdes et apothéose ; on les appelle signal, coups de feu, intermèdes, bouquet et embrasement.

Le signal est donné par une série de détonations ou salves, qu'on obtient à l'aide de marrons ou de boites à poudre.

Le coup de feu est représenté par une série de pièces fixes ou mobiles, qu'on tire en même temps. La durée d'un coup de feu est de trois à six minutes.

L'intermède est composé d'une série de fusées, de bombes, d'étoiles filantes, de flammes de Bengale, etc. Il dure le temps nécessaire pour qu'on puisse disposer le second coup de feu.

Le dernier coup de feu est généralement formé par une grande pièce décorative, qui est l'annonce du bouquet.

Le bouquet termine le feu : il se compose du tir

de plusieurs batteries de chandelles romaines, fusées et bombettes, en quantité suffisante pour garnir complétement l'emplacement du tir d'une infinité d'étoiles et de sillons lumineux, qui se succèdent jusqu'au moment où l'annonce de la fin est donnée par l'embrasement, aux feux de couleurs, de tout le champ du tir.

On ne peut jamais donner trop de soin aux dispositions d'un feu d'artifice, ni prendre trop de précautions pendant le tir. On doit en effet veiller à ce qu'il produise le plus bel effet, sans occasionner d'accident.

Pour qu'un feu soit bien tiré, il ne faut pas d'interruption entre le tir des différentes pièces; il est nécesaire que les coups de feu suivent les intermèdes, et que les pièces qui composent les uns et les autres soient de plus en plus fortes et de plus en plus belles.

Pour éviter les accidents, on dispose chaque coup de feu sur le premier plan, pendant le tir des intermèdes; les mortiers et les tubes restent coiffés; les fusées sont placées verticalement, pour empêcher les accidents qu'elles produiraient infailliblement, si elles partaient en suivant la ligne horizontale. Enfin, malgré toutes ces précautions, on fera bien, en prévision de commencement d'incendie, d'avoir sous la main de l'eau, de la sciure de bois et du sable.

§ 2. — *Retraite aux flambeaux.*

La retraite aux flambeaux a le privilége de plaire et de surexciter beaucoup les populations.

Pour faire une retraite, on emploie les flambeaux décrits § 33. On les monte sur des hampes d'un mètre environ de longueur; celles-ci servent, non-seulement à les porter, mais aussi à les élever au-dessus de la tête des spectateurs; l'effet en est d'autant plus beau que la lumière est plus élevée.

La hampe est facile à faire: on prend un bâton de la grosseur du flambeau, et l'on y cloue une douille, en fine tôle ou en fer-blanc, qui sert à fixer le flambeau.

Une retraite aux flambeaux se compose d'une escouade de tambours et de clairons, et d'une ou de plusieurs musiques : la marche est généralement ouverte par des pompiers ou des soldats à cheval, ayant des casques ou des cuirasses qui reflètent la lumière; viennent ensuite quatre torches de quinze millimètres, les tambours, puis quatre torches de la même grosseur, une musique, suivie de quatre ou six torches de dix-huit millimètres. S'il y a d'autres musiques, on mettra un nombre égal de torches entre chacune d'elles. On termine généralement par un ou deux flambeaux de quarante milli-mètres.

Les flambeaux employés sont de différentes couleurs. Ils donnent à la fête un aspect féerique, qu'on complète par un grand nombre de lanternes vénitiennes.

On peut faire des retraites d'une durée de plusieurs heures : il est nécessaire, dans ce cas, de calculer largement le nombre des torches pour cette durée, et chaque porteur de flambeaux a son pourvoyeur, qui lui présente une torche emmanchée, prête à être allumée, chaque fois que celle qu'il porte, s'éteint. Le pourvoyeur doit veiller à son paquet et le tenir constamment couvert, afin d'empêcher une flammèche d'y mettre le feu.

D'après ce qui vient d'être dit, il est facile de voir comment on peut organiser un cortége, une cavalcade féerique ; dans ces sortes de marche, il est surtout nécessaire d'illuminer beaucoup moins la tête que la fin du cortége.

§ 3. — *Illumination.*

Les grands effets de lumière se font au moyen des flammes de Bengale ; mais, lorsqu'on veut produire des effets particuliers, comme des étoiles fixes, par exemple, on met, aussi haut que possible, dans des branches d'arbres, des flambeaux de petit diamètre. Ces flambeaux pouvant brûler, la flamme en bas, on dispose, sur une branche d'arbre, une ficelle qu'on tire pour hisser le flambeau, lorsqu'il est allumé.

§ 4. — *Embrasement.*

Pour faire un effet d'embrasement et lui **donner**
de la durée, on prend de gros flambeaux de six à
huit centimètres de diamètre, qu'on place à l'extrémité de perches de deux ou trois mètres de hauteur.
Ces flambeaux doivent être enflammés en même
temps et avoir la même durée.

Il est facile de produire ainsi l'embrasement
d'une localité entière.

§ 5. — *Fête vénitienne.*

ARTIFICES QUI DOIVENT ÊTRE TIRÉS SUR L'EAU.

Les fêtes vénitiennes sont aujourd'hui fort recher-
chées ; pour leur donner de l'éclat, on emploie l'é-
clairage de lances, de flambeaux et de lanternes vénitiennes ; on fait aussi partir des pièces d'artifice,
telles que gerbes, jets, soleils, marrons, etc.

Les artifices destinés à être tirés sur l'eau sont
faits de la même manière que ceux qui viennent
d'être étudiés, mais ils ont un flotteur et ils sont
lestés.

Le flotteur est une rondelle en bois ou en liége ;
le lest est du sable, qui est mis dans le prolonge-
ment du cartouche. Celui-ci est enduit de suif, et
traverse le flotteur pour plonger, des deux tiers,
dans l'eau.

Les pièces à tirer sur l'eau fonctionnent mieux, lorsque le cartouche est
placé en dehors de l'eau, et que le flotteur porte, à sa partie inférieure, un fil
de fer, garni d'une balle de plomb.

La figure 28 représente une gerbe.

Le soleil d'eau est destiné à tourner
sur la surface de l'eau ; on peut lui faire
emporter dans son mouvement giratoire une garniture de lances diversement groupées. On prend, pour le
monter, une forte rondelle de
liége, qui a, sur une de ses deux
faces, un fil de fer et un poids
de plomb, et, sur l'autre, quatre branches relevées, qui permettent de fixer le soleil.

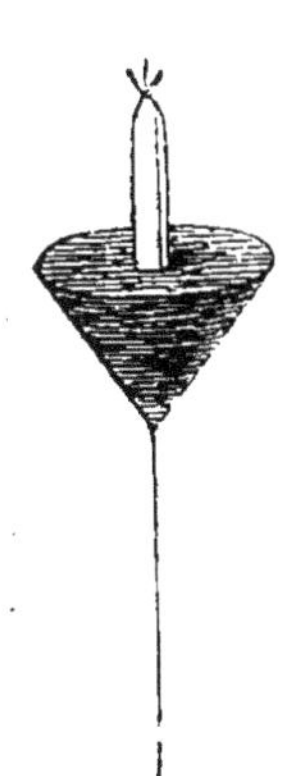

Fig. 28.

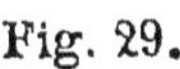

Fig. 29.

CHAPITRE VI.

Artifices de jardins, salons et théâtres.

§ 1. — *Pulvérin sans soufre.*

Les petits artifices sont très-variés et généralement d'une fabrication facile. On doit s'attacher à ce qu'ils produisent peu de fumée, et qu'ils n'aient pas une mauvaise odeur.

Pour fabriquer ces artifices, on emploie du pulvérin sans soufre ; ce pulvérin se fait par simple trituration au tonneau. Voici la formule :

FORMULE Nº 111.

Nitrate de potasse. . . . . 1,000 gram.
Charbon de bois léger. . . 300   —

§ 2. — *Flammes d'alcool colorées. — Mèches colorées.*

Ces flammes et ces mèches sont peu employées ; l'éclat du reste en est presque nul, et le reflet, faible.

L'alcool jouit de la propriété de brûler avec une flamme peu éclairante et très-pâle ; si cette flamme est colorée par certains sels, elle devient plus éclairante et plus vive. On dissout les sels dans l'alcool, pour obtenir les colorations par combustion.

Le chlorate et le chlorure de strontiane donnent une belle couleur rouge.

Le chlorate de soude et le chlorure de sodium produisent une coloration jaune.

Le chlorure de cuivre colore la flamme en vert.

Le chlorate de baryte donne une couleur blafarde (jaune verdâtre).

Le chlorate de cuivre sirupeux procure à la flamme une belle teinte bleue.

Lorsqu'on veut rendre ces couleurs plus foncées, on imbibe une mèche de chanvre ou de coton dans des dissolutions aqueuses de ces sels, et, après qu'elle a été desséchée, on l'imbibe d'alcool, avant d'y mettre le feu.

Mèches colorées. — On peut préparer des mèches colorées, qui brûlent avec flamme et intensité, de la manière suivante : on met, dans une terrine, un mélange de :

Chlorate de potasse.	50	gram.
— de baryte	50	—
Nitrate de baryte	200	—
Charbon de bois léger. . . .	20	—

On imbibe avec 265 grammes de vernis, formé de 250 grammes de benzine et 15 grammes de glu de lin, et l'on y met du coton qu'on retourne convenablement. Lorsqu'il est bien imbibé, on l'enlève, on le lisse et l'on fait sécher. On obtient ainsi une mèche verte, qu'on peut recouvrir facilement d'une ganse, tressée comme la mèche à briquet.

Les mèches, ainsi préparées, sont souples et brûlent lentement, comme les flambeaux.

On peut les obtenir de toutes les couleurs, en prenant les formules des flambeaux et en rapprochant ces formules de celle qui vient d'être donnée.

On peut préparer les mèches plus facilement, en faisant bouillir la mèche ronde dans une dissolution concentrée de chlorate et de nitrate de baryte. Lorsqu'elle a bouilli pendant quinze minutes, on la fait sécher, et on l'imbibe une seule fois avec une dissolution de 3 p. 100 de glu dans la benzine.

§ 3. — *Lances de décorations.*

Les lances de décorations se font d'un à deux millimètres de diamètre sur un ou deux centimètres de longueur. On peut employer les formules de petites lances, en remplaçant le pulvérin par le poussier, dont on vient de voir la formule. On peut aussi diminuer le chlorate de potasse et obtenir des feux moins éclairants, mais faisant peu de fumée.

Voici une formule de feu blanc pour exemple : on pourra rapprocher les autres compositions de celle-là pour les obtenir toutes.

§ 4. — *Formules de compositions pour petites lances.*

Feu blanc.

FORMULE Nº 112.

Chlorate de potasse	250	gram.
Nitrate de baryte	500	—
Poussier	300	—
Charbon de bois léger	35	—
Glu de lin	70	—

On prendra la précaution de ne pas employer des sels capables de produire une odeur désagréable. C'est ainsi que, pour les lances bleues, il faut rejeter l'oxychlorure de cuivre. On peut encore prendre pour exemple la formule suivante pour lances bleues.

Feu bleu.

FORMULE Nº 113.

Chlorate de cuivre et de potasse	50	gram.
Oxalate de cuivre	30	—
Poussier	15	—
Charbon de bois léger	2	—
Glu de lin	8	—

§ 5. — *Flammes de Bengale.*

Lorsqu'on veut brûler des flammes de Bengale

dans un appartement, il est nécessaire de le faire dans une cheminée qui, par son tirage, enlève les gaz et la fumée. Si l'on veut en brûler sans cheminée, il faut faire les flammes très-petites, pour qu'elles aient peu de durée, et les préparer en diminuant, autant que possible, la quantité de chlorate de potasse et la dose de pulvérin.

§ 6. — *Formules de compositions pour petites flammes.*

Flammes blanches.

FORMULE N° 114.

Chlorate de potasse.	200	gram.
Nitrate de baryte	500	—
Poussier	100	—
Glu de lin	80	—

§ 7. — *Bûches de Noël.*

Les bûches de Noël sont brûlées dans les cheminées. Pour les préparer, on prend une bûche ordinaire, on y perce un trou de dix-sept millimètres de diamètre et l'on y loge une lance de seize millimètres.

Lorsqu'on met la bûche dans le foyer, la lance s'enflamme et brûle de sept à huit minutes.

§ 8. — *Gerbes.*

Pour charger les petites gerbes, on emploie un

poussier lent, à base de nitrate de plomb ; on le prépare au tonneau.

Poussier de plomb.

FORMULE N° 115.

Azotate de plomb . . . . . . 1,000 gram.
— de potasse. . . . . 300 —
Charbon de bois léger. . . 300 —

Pour faire des gerbes très-petites de diamètre, on prend simplement des cartouches de papier roulé sur cinq ou six épaisseurs, et on les charge avec des compositions faites de poussier de plomb et de limailles métalliques ou de grains, comme il est indiqué à l'article gerbes et jets.

§ 9. — *Chandelles romaines.*

Les petites chandelles romaines sont préparées comme les grosses. Pour les charger, on fait de petits cartouches simples, semblables à ceux qui viennent d'être indiqués pour les gerbes. Les dimensions de ces cartouches peuvent varier : les plus petits auront quatre millimètres de diamètre sur six centimètres de hauteur ; les plus gros, huit millimètres de diamètre sur douze centimètres de hauteur. Les étoiles seront moins larges d'un millimètre que le cartouche ; la composition sera vive,

et, dans le chargement, elles seront très-légèrement tassées.

§ 10. — *Pots à feu.*

Les pots à feu sont très-petits ; on peut les faire
dans des cartouches d'un à quatre centimètres de
diamètre sur deux à huit centimètres de hauteur.

Ces pots sont chargés comme il est indiqué au
paragraphe 8, chapitre IV. On emploie la composition que je viens de donner pour les petites gerbes ; on y introduit des limailles métalliques ou des
grains microscopiques. Les étoiles sont petites, on
les prépare comme les grains de dix centigrammes.
La charge de poudre varie de cinq décigrammes à
deux grammes, suivant le diamètre du cartouche.

Ces pots, ainsi chargés, produisent l'effet d'une
petite gerbe terminée par un bouquet d'étoiles et
une détonation.

§ 11. — *Fusées volantes.*

Les petites fusées volantes sont fabriquées très-
facilement, en suivant les indications du paragraphe 10, chapitre IV.

Le cartouche a un centimètre de diamètre extérieur sur sept centimètres de longueur. On emploie,
pour le chargement, une broche de six centimètres,
et l'on ne met pas de massif ; on termine la fusée
par quelques étoiles ou un pétard.

Cette petite fusée peut être brûlée libre; il faut alors ajouter une petite baguette, faite avec un jonc de deux millimètres d'épaisseur sur quarante-cinq centimètres de longueur. Pour la maintenir captive, on place sur la longueur du cartouche deux petits anneaux qui servent de guides; on passe dans ceux-ci un fil de fer, qu'on développe et qu'on dirige partout où l'on veut faire aller la fusée.

§ 12. — *Étoiles filantes. — Météores. — Bombes. Éclairs.*

En observant les prescriptions contenues dans les paragraphes 25 et 26 du chapitre IV, on peut préparer des étoiles filantes, des météores et des bombes de très-petit diamètre.

On désire quelquefois produire des éclairs : on le fait ordinairement, dans les théâtres forains, avec du lycopode, en le soufflant de façon à le diviser et à le faire tomber sur une flamme d'alcool. On produit des éclairs très-brillants au moyen du coton ou du coton azotique, imbibé de dissolutions faibles de chlorates divers ; ceux-ci communiquent à la flamme du coton beaucoup d'éclat et diverses couleurs.

§ 13. — *Soleils ou pastilles.*

Il existe dans le commerce, sous le nom de soleil, tube tournant ou pastille, des artifices qui sont très-faciles à faire et qui, bien combinés et bien montés, peuvent produire de très-belles pièces tournantes.

Les soleils sont de deux sortes :

1° Le soleil ou pastille simple ;

2° La pastille diamant ou soleil composé d'une pastille simple et d'un tube de composition colorée, fixé dans le même axe et relié à la pastille simple.

§ 14. — *Soleil simple.*

Le soleil simple est composé d'un tube chargé d'une des compositions qui viennnent d'être données (gerbes), enroulé et collé sur un bouton percé par son centre.

La fabrication des soleils comprend :

1° La confection des tubes ;

2° Le chargement des tubes ;

3° L'enroulement et l'encollage des tubes sur les rondelles ;

4° L'amorçage.

Les tubes se font au moyen de papier de premier choix, mince et souple ; ils sont de différentes longueurs et d'un diamètre variable. Ordinairement ils ont 5, 6, 7 millimètres de diamètre sur 450 à 600 millimètres de longueur. On les fait sur des baguettes à rouler, en fer, légèrement coniques; ils sont encollés sur le dernier tour de papier. Lorsqu'on veut donner au tube un diamètre beaucoup plus gros (10, 15 millimètres), on confectionne le tube en toile caoutchoutée, et on le recouvre de cinq ou six tours de papier. Ces gros tubes ont ordinairement 75 centimètres de longueur; on peut en réunir trois ou quatre, et monter de grands soleils sur disques de cinquante centimètres de diamètre.

Le chargement des tubes de 5, 6 et 7 millimètres de diamètre se fait au moyen d'une baguette à charger, carrée, mince, et d'un entonnoir en fer-blanc, entrant à frottement, par sa douille, dans le tube à charger. Il suffit de mettre de la composition dans l'entonnoir, de la faire passer dans le tube, et de l'y tasser légèrement.

Le tube se charge avec le poussier de plomb ou avec les compositions de petites gerbes.

Les tubes de gros diamètre se chargent de la même façon et avec les mêmes compositions.

L'enroulement des tubes de cinq, six ou sept millimètres de diamètre se fait sur de petits disques en bois, de trois à sept centimètres de diamètre. Ces disques sont plus grands, lorsqu'on emploie les tubes de dix à dix-huit millimètres de diamètre; ils peuvent varier alors de trente à soixante-quinze centimètres. Pour enrouler les tubes, on leur donne une forme de spirale au moyen d'un cylindre en fonte, cannelé sur sa surface, comme le cylindre d'une crécelle.

Lorsque le tube a pris la forme d'une spirale, il est facile de le fixer, avec un peu de colle forte, sur la rondelle, par une de ses extrémités, et l'on tourne le tube sur lui-même, en l'encollant avec de la gomme arabique épaisse. On le maintient alors avec une ficelle jusqu'à ce qu'il soit sec.

On ferme simplement le tube par son extrémité libre, en le repliant sur lui-même à l'intérieur. Il n'a pas besoin d'être amorcé pour une pastille simple, mais il faut l'amorcer dans la pastille diamant, ou dans les soleils faits avec des tubes de gros diamètres, qui doivent être allumés en même temps.

Pour tirer une pastille, on cloue une pointe sur une planche, en la faisant passer par le centre troué du disque de la pastille. Cette pointe sert d'axe sur laquelle tourne le soleil.

§ 15. — *Soleil double.*

Les pastilles diamants, telles que nous les donnent les ouvrages de MM. Vergneau et Tessier, sont formées d'un soleil simple et d'un tube de couleur, tournant sur le même axe. Pour faciliter la fabrication de cet artifice, on peut employer avantageusement les compositions de petites lances de deux à cinq millimètres de diamètre; ces lances doivent être très-petites, à cause de leur durée, et d'un petit diamètre, à cause de leur éclat.

Pour monter une pastille diamant, on doit prendre un soleil simple, monté sur un disque de sept centimètres; coller sur le disque une boîte en carton léger, de trois centimètres de diamètre ; la disposer de façon que la broche, qui passe par le centre du disque, traverse également le centre de la boîte; coller deux petites lances de couleur sur la circonférence extérieure de la boîte; et relier les différentes pièces par une mèche de communication.

Il est nécessaire de régler la durée du soleil et celle des lances de telle sorte qu'ils s'éteignent en même temps. Le tube chargé aura soixante centimètres de longueur; les lances, seulement quatre centimètres.

§ 16. — *Formules de compositions colorées pour pastilles.*

On prépare facilement des soleils simples à composition de chargement colorée, en employant les compositions dont les formules suivent :

Composition blanche.

FORMULE Nº 116.

Chlorate de potasse	250	gram.
Nitrate de baryte	300	—
Poussier de plomb	500	—
Charbon de bois dur	30	·
Glu de lin	40	—

Composition bleue.

FORMULE Nº 147.

Chlorate de potasse . . . . . 500 gram.
Oxalate de cuivre . . . . . . 250 —
Poussier de plomb . . . . . 500 —
Charbon de bois dur . . . . 40 —
Glu de lin . . . . 50 —

Composition bleue.

FORMULE Nº 118.

Chlorate de cuivre et de
　potasse . . . . 500 gram
Oxalate de cuivre . . . . . . 250 —
Poussier . . . . 500 —
Charbon de bois dur . . . . 20 —
Glu de lin . . . . 50 —

Composition rouge.

FORMULE Nº 119.

Chlorate de potasse . . . . . 250 gram.
Nitrate de strontiane . . . . 250 —
Poussier de plomb . . . . . 300 —
Charbon de bois dur . . . . 30 —
Glu de lin . . . . 30 —

Composition verte.

FORMULE Nº 120.

Chlorate de potasse . . . . . 200 gram.
　— de baryte . . . . . . 200 —
Nitrate de baryte . . . . . . 400 —

Poussier de plomb . . . . . 500 —
Charbon de bois dur . . . . 50 —
Glu de lin . . . . 50 —

Pour obtenir les formules de compositions jaunes, roses, lilas, on prendra les compositions à étoiles, dans lesquelles on ajoutera du poussier de plomb, en diminuant la dose de glu.

La fabrication facile de ces soleils simples, doubles, étincelants, brillants, rayonnants et de toutes les couleurs, permet de composer des pièces décoratives tournantes d'un très-bel effet.

FIN.

PRIX-COURANT

des différents produits en usage dans
la fabrication des artifices,

QU'ON POURRA SE PROCURER

Chez M. Lamarre, 22, rue Saint-Louis, à Vincennes.

Les demandes peuvent être adressées à M. Lamarre, 14, quai
de Béthune, Paris.

Artifices.

Flammes de Bengale.

BOITES DE TOUTES LES COULEURS.

		fr.	c.
Boîte n° 1, durée 30 sec., diamètre 25^{mm}. le cent.		25	»
— n° 2, — — — — —		40	»
— n° 3, durée 1 min., — — —		50	»
— n° 4, — — — — —		60	»
— n° 5, — — diamètre 35^{mm}. —		90	»
— n° 6, durée 2 min., — 25^{mm}. la pièce.		1	20
— n° 7, — 1 — — 30^{mm}. —		1	50
— n° 8, — 2 — — 8 c. —		5	»
— n° 9, — — — 10 c. —		8	»
— n° 10, — — — 25^{mm}. —		1	20
— n° 11. durée 4 min., — — —		2	50
— n° 12, — — diamètre 30^{mm}. —		3	50

Composition de flammes de bengale de toutes les
couleurs . . . . le kilog. 8 »

Flambeaux éclairants.

FLAMBEAUX DE TOUTES LES COULEURS.

	Durée.	Longueur.	Grosseur.	fr.	c.
Flambeaux nº 13,	7 minutes,	22 cent.,	15 millim.	1	50
— nº 14,	12 —	30 —	22	3	»
— nº 15,	10 —	30 —	40	8	»
— nº 16,	20 —	60 —	40	16	»
— nº 17,	5 —	15 —	40	5	»
— nº 18,	30 —	75 —	15	3	»
— nₒ 19,	30 —	75 —	22	6	»
— nº 20,	30 —	75 —	18	4	»
— nº 21,	30 —	75 —	40	16	»

Composition de flambeaux de toutes les couleurs,
le kilog.   8   »

Articles divers.

			fr.	c.
Boite vide nº 1 et nº 2 en zinc . . . . . . le cent.			6	»
— nº 3 et nº 4 — . . . . . . —			7	»
— nº 5 — . . . . . . —			9	»
— nº 6 — . . . . . . —			9	»
— nº 7 — . . . . . . —			10	»
— nº 8 en carton . . . . . —			10	»
— nº 9 en zinc . . . . . . —			45	»
Boite de 20 centimètres . . . . la pièce.			1	50
— de 40 centimètres . . . . —			2	50
— assorties en carton . . . . la grosse.			4	»
— — en bois . . . . —			2	»
Tubes en tissu caoutchouté nº 13 . . . . . le cent.			10	»
— — nº 14 . . . . . —			20	»
— — nº 15 . . . . . —			40	»
— — nº 16 . . . . . —			80	»
— — nº 17 . . . . . —			20	»
— — nº 18 . . . . . —			30	»
— — nº 19 . . . . . —			50	»
— — nº 20 . . . . . —			40	»
— — nº 21 . . . . . —			80	»

                                                    fr.   c.

Bouchons pour fermer les flambeaux :
            nᵒˢ 13, 18 et 20. . le cent.   »   80
            nᵒˢ 14, 19. . . . .   —   2   »
            nᵒˢ 16, 17, 15, 21.   . . . '   7   »
Mortier en fonte et son pilon   70   »
  —   —   tournée et son pilon 140   »
Mâche-bouchon.   3 50
Moule pour étoiles de chandelles romaines en fer-
  blanc . . . . la pièce.   4 50
Moule pour étoiles de fusées volantes en fer-blanc.
                      la pièce.   4 50
    —   —   en bronze. . .   —   12   »
Emporte-pièce pour flambeaux . . . la douzaine.   4 50
Cadre pour étoiles et flambeaux . . . . . la pièce.   4 50
Rouleau en bois 3 50
Rouleau en fer tourné..   18   »
Tonneau pour triturer, de 16 litres, monté sur
  pieds avec crible et caisse. 100   »
Gobilles en bronze. . . . . le kilog.   7   »
Gobilles en fer . . . .   —   2   »
Gobilles en marbre. . . . .   —   2   »
Pilulier.. . . . . la pièce.   24   »
Tamis . . . .   —   5   »
Tamis complet.. . . . .   —   12   »
Presse à papier pour carton. .   suivant grandeur.
Laminoir pour carton. . . . .   —
Presse pour la poudre. . . . .
Plaques avec feutre.. . . . . .   —

Produits chimiques.

Antimoine entier. . . . . le kilog.   3   »
    —   pulvérisé. . . . .   —   3 50
Azotate de baryte cristallisé. . . . . . .   —   1 50
    —   pulvérisé. . . . . . .   —   1 75

		fr.	c.
Azotate de plomb cristallisé. . . . . . . le kilog.		1	50
— pulvérisé.	—	1	75
Azotate de potasse cristallisé	—	1	40
— pulvérisé.	—	1	70
Azotate de strontiane cristallisé. ·. . . .	—	1	40
— desséché et pulvé-risé..	—	2	75
Caoutchouc en dissolution épaisse.. . . .	—	8	»
Carbonate de baryte ordinaire pulvérisé.	—	1	»
— préparé par voie sèche. . . . . . . :	—	2	»
— précipité.	—	3	»
Carbonate de chaux pulvérisé.	—		50
Carbonate de soude.	—		35
Bicarbonate de soude pulvérisé.	—	1	40
Carbonate de strontiane naturel pulvé-risé..	—	1	»
Carbonate de strontiane préparé par voie sèche.	—	2	50
Carbonate de strontiane précipité. . . .	—	3	50
Charbon de bois dur pulvérisé..	—	1	»
Charbon de bois léger pulvérisé ordi-naire.	—	1	»
Charbon de bois léger pulvérisé par dis-tillation.	—	2	»
Chlorate de baryte cristallisé..	—	10	»
— pulvérisé.	—	11	»
Chlorate de cuivre sirupeux.	—	30	»
Chlorate de cuivre et de potasse.	—	20	»
Chlorate de soude cristallisé.	—	10	»
— pulvérisé.	—	11	»
Chlorate de strontiane.	—	15	»
Chlorure de cuivre brun.	—	25	»
Oxychlorure de cuivre.	—	7	»
Colle de Givet.	—	3	50

		fr.	c.
Cuivre rouge pulvérisé..............	le kilog.	6	50
Cuivre jaune pulvérisé............	—	5	50
Fer limaille.......................	—		75
Acier limaille.....................	—	1	50
Fonte limaille....................	—	1	»
— grenaille...................	—		50
Glu de lin........................	—	4	50
Gomme arabique..................	—	4	»
Gomme laque.....................	—	7	»
— pulvérisée..........	—	12	»
Noir de fumée lavé...............	—	2	50
Oxalate de baryte pulvérisé........	—	8	50
Oxalate de cuivre pulvérisé........	—	8	50
Oxalate de soude pulvérisé........	—	7	50
Oxalate de strontiane pulvérisé.....	—	7	50
Plombagine......................	—	1	»
Soufre en canons.................	—		50
— en fleurs................	—		75
— en fleurs, lavé..........	—	1	20
Sulfate de cuivre.................	—	3	50
Sulfure d'antimoine...............	—	2	»
Sulfure de cuivre.................	—	5	»
Térébenthine de Venise..........	—	4	»
Vernis de gomme laque...........	le litre.	4	»
Vernis de caoutchouc.............	—	2	50
Vernis de glu de lin..............	—	2	»
Zinc en limaille..................	le kilog.	1	»

ERRATA.

Page 14, ligne 16, *lisez :* voir plus loin, *au lieu* de plus bas.

— 44 et suivantes, *lisez :* charbon de bois léger, *au lieu de :* charbon de bois et charbon léger.

— 79, *lisez :* § 15, *au lieu* de 14.

— 86, dernière ligne, *lisez :* n^{os}, *au lieu de* n^{ns}.

— 110, ligne 15, *lisez :* dans l'extrémité des cartouches de gerbes et de jets, *au lieu de :* dans l'extrémité, de cartouches de gerbes, etc.

— 136, ligne 3, *lisez :* les poids, en grammes, *au lieu de :* les poids en grammes.

TABLE DES MATIÈRES.

CHAPITRE PREMIER

Matières chimiques.

CHAPITRE II.

Matières diverses.

DEUXIÈME PARTIE.

CONFECTION DES ARTIFICES.

CHAPITRE PREMIER.

Outillage et préparation des artifices préliminaires.

CHAPITRE II.

Compositions colorées.

Compositions grasses pour lances.

Formules.

Compositions en poudre pour lances.

Formules.

Flambeaux éclairants.

Pages.

Montage de quelques pièces d'artifice.

Pétards.

CHAPITRE IV.

Artifices ascendants.

Chandelles romaines.

Pots à feu.

Fusées volantes.

CHAPITRE V.

Emploi des artifices pour fêtes publiques.

CHAPITRE VI.

Artifices de jardins, salons et théâtres.

FIN DE LA TABLE.

PARIS. — IMP. VICTOR GOUPY, RUE DE RENNES, 71.

www.ingramcontent.com/pod-product-compliance
Ingram Content Group UK Ltd.
Pitfield, Milton Keynes, MK11 3LW, UK
UKHW021211140726
13695UKWH00002B/477